*Formación y capacitación digital
tras la pandemia*

Por una alfabetización digital integradora para evitar la exclusión. Desde la escuela, hasta el trabajo.

Formación y capacitación digital tras la pandemia

La formacion, instrumento imprescindible para la capacitación en la economía digital

José Joaquín Flechoso
– Autor y Coordinador –

– Autores por orden alfabético –

Antonio de Luis Acevedo
Miguel Canales
Celia Ferrero Romero
César García Arnal
Pilar LLácer
Juan Manuel Martín Menéndez
Carmen Menéndez González-Palenzuela
Nieves Olivera
Jesús Mari Ordóñez
Fernando de Pablo
Javier Placer Mendoza
Sebastián Reyna
Vicente Sánchez Jiménez
Juan Carlos Tejeda
Llanos Tobarra Abad
José Varela

Prólogo de
Magdalena Valerio

ℙ
ALMUZARA

cibercotizante

Colectivo de análisis sobre la robotización y el empleo

© José Joaquín Flechoso, 2022
© Editorial Almuzara, s.l., 2022

Primera edición: octubre de 2022

Editorial Almuzara • Manuales de Economía y Empresa
Director editorial: Antonio Cuesta
Editora: Ángeles López
Maquetación: Joaquín Treviño

www.editorialalmuzara.com
pedidos@almuzaralibros.com - info@almuzaralibros.com

Editorial Almuzara
Parque Logístico de Córdoba. Ctra. Palma del Río, km 4
C/8, Nave L2, nº 3. 14005 - Córdoba

Imprime: Gráficas La Paz
ISBN: 978-84-11312-87-5
Depósito legal: CO-1391-2022
Hecho e impreso en España - *Made and printed in Spain*

BREVE APUNTE DE LOS AUTORES

Carmen Menéndez González-Palenzuela

Subdirectora general de Políticas Activas de Empleo. SEPE, Ministerio de Trabajo y Economía Social.

Antonio de Luis Acevedo

Director gerente de la Fundación Estatal de Formación para el Empleo (FUNDAE).

Juan Carlos Tejeda

Director de Educación y Formación de CEOE.

Vicente Sánchez Jiménez

Secretario confederal de Transiciones Estratégicas y Desarrollo Territorial de CCOO.

Miguel Canales

Director de Formación y Empleo de CEPYME.

José Varela

Responsable de Digitalización de la Unión General de Trabajadores (UGT).

Celia Ferrero Romero

Vicepresidenta ejecutiva de la Federación Nacional de Asociaciones de Trabajadores Autónomos (ATA).

César García Arnal

Secretario general de Unión de Profesionales y Trabajadores Autónomos (UPTA).

Sebastián Reyna
Secretario de la Asociación Colectivo Cibercotizante.

Jesús Mari Ordóñez
Lanbide – Servicio Vasco de Empleo.

José Joaquín Flechoso
Presidente de la Asociación Colectivo Cibercotizante.

Javier Placer Mendoza
Especializado en co-creación de aplicaciones predictivas basadas en Aprendizaje Automático.

Llanos Tobarra Abad
Vicerrectora de la Universidad Nacional de Educación a Distancia (UNED).

Nieves Olivera
Directora general de la Escuela de Organización Industrial (EOI).

Pilar LLácer
Doctor en Filosofía, especialista en Transformación Digital, Sostenibilidad y Liderazgo Ético. Experta en Recursos Humanos.

Fernando de Pablo
Director general de la Oficina Digital del Ayuntamiento de Madrid.

Juan Manuel Martín Menéndez
Consultor empresarial, mentor de starups, autor y conferenciante

ÍNDICE

PRÓLOGO DE
MAGDALENA VALERIO, EXMINISTRA DE TRABAJO,
MIGRACIONES Y SEGURIDAD SOCIAL. PRESIDENTA DE
LA COMISIÓN PARLAMENTARIA DEL PACTO DE TOLEDO
EN EL CONGRESO DE LOS DIPUTADOS

LA FORMACIÓN, PROTAGONISTA DE LAS RELACIONES LABORALES

En momentos de crisis como los actuales, provocados por agentes exógenos e imprevisibles como han sido la propagación de una pandemia y una guerra a las puertas de Europa, la incertidumbre exige que los dirigentes políticos, sindicales y empresariales de las naciones redoblen sus esfuerzos en proteger a la población y la dirijan hacia transformaciones estructurales sin precedentes. La historia de los pueblos se debe hacer bajo el paraguas de la protección social y la defensa de las personas menos favorecidas, para ofrecerles instrumentos que eviten su vulnerabilidad ante los peligros derivados de la distribución desigual de la riqueza.

Todos los movimientos de automatización de procesos han traído conflictos sociales y tiempos convulsos para el empleo, desde los luditas hasta el maquinismo y posteriormente la electrónica, pero sin duda han aportado grandes avances que han traído prosperidad y han dignificado ciertas actividades laborales muy penosas en su desarrollo cotidiano. Probablemente la revolución tecnológica ha alimentado dudas sobre el futuro del trabajo, pues se siguen escuchando cánticos apocalípticos que hablan de una masiva destrucción de empleos que serán sustituidos por sistemas automáticos, pero esto dista mucho de la realidad. Diferentes estudios de entidades de prestigio como el Foro Económico Mundial o la Organización Internacional del Trabajo aportan cifras esperanzadoras en cuanto al saldo neto de empleos que se destruyen, con respecto a aquellos de nueva creación inducidos por la tecnología.

El desarrollo tecnológico es evidente y es cuando las demandas formativas cobran protagonismo y donde nadie debe, ni quiere, quedarse atrás. Una persona trabajadora capacitada tiene más posibilidades de ejercer mejor sus derechos y su autonomía en el mundo subordinado y desigual de las relaciones laborales. La capacitación es cada vez más necesaria para acceder al empleo, para mantenerlo, para mejorarlo y progresar en él, y hasta para recuperarlo cuando se ha perdido.

España, la misma que se vanagloriaba y presumía cuando Miguel de Unamuno clamaba: «¡que inventen ellos!», nos posicionaba como un país anclado en un modelo económico y productivo que nos alejaba de ser una nación innovadora y tecnológicamente avanzada. Hoy en día no se entiende una España que no apueste por la ciencia, invierta en I+D+i, sea respetuosa medioambientalmente y que apueste por la sostenibilidad para llevarnos por el camino de ser un país moderno, comprometido y responsable.

España dista mucho también de aquel país que arrancó con el siglo XXI, pues en estos veintidós años el mundo ha cambiado de manera muy notable. Posiblemente, en ningún otro momento de la historia un periodo tan corto de tiempo ha significado un cambio tan vertiginoso en todos los aspectos. El mercado de trabajo ha sufrido una importante transformación y las relaciones laborales con él, donde el ya referido derecho a la formación, la conciliación laboral y el salario emocional han pasado a ocupar un lugar preferente para las personas trabajadoras a la hora de postularse para un empleo. En este nuevo modelo, reivindican su papel como individuo, llegando a plantear sus condiciones, siempre y cuando sus conocimientos profesionales les permitan proponerlas en términos de iguales, incluso más allá del salario en sí mismo, que, hasta hace poco tiempo, era el protagonista casi único de las ofertas de empleo.

El derecho al trabajo y la formación profesional no pueden ser dos mundos autónomos. Esta anomalía laboral que se da en algunos supuestos debe acabar, pues de su perfecto maridaje, nacerá un mundo profesional más equitativo, donde la adquisición de conocimientos como mejora personal y profesional sea un derecho irrenunciable. Hoy en día la formación forma parte esencial e intrínseca de las relaciones laborales, que beneficia tanto a personas trabajadoras ocupadas que buscan mejorar sus competencias, como a las desempleadas que buscan nuevos horizontes profesionales donde poder reconducir su carrera. En definitiva, la formación debe ser permanente a lo largo de la vida de los seres humanos, antes de la inserción en el mundo laboral, mientras y después, es decir, desde el nacimiento hasta el final de la vida. Siendo tan importante o más que la formación en conocimientos y técnicas, la que se denomina de habilidades: trabajo en equipo, empatía, comunicación, creatividad, resiliencia…

Durante el curso 2020-2021, 934.204 estudiantes se matricularon en Formación Profesional. Esto supone el 11 % del alumnado español, situado a mucha distancia del 29 % de media existente en países de la Unión Europea. Pero ¿por qué no acaba de arrancar la FP en España? Tal vez porque, lamentablemente, sigue siendo una formación estigmatizada y considerada de segundo nivel, aun cuando está siendo una gran herramienta para reducir el paro juvenil. La nueva Ley Orgánica 3/2022, de 31 de marzo, de ordenación e integración de la Formación Profesional, viene a cubrir la imperiosa necesidad de aportar una nueva forma de tratar la formación, donde los grados superiores son perfectamente equiparables a las enseñanzas universitarias. Con la entrada en vigor de la nueva ley se va a potenciar la formación dual, o como otros llaman, la formación en alternancia, donde a las enseñanzas teóricas se suman las prácticas en empresas, para conocer, en una aproximación real, cómo será el desempeño de su trabajo profesional.

La transición de un mundo avanzado tecnológicamente como es el que conocemos hacia un inmediato mundo digital, donde la inteligencia artificial, la analítica de datos y los algoritmos tienen un protagonismo destacado, exige aumentar las capacidades y competencias digitales de las personas trabajadoras, que desempeñan su labor en un mercado laboral afectado por una imparable transformación laboral en todos los sentidos. Es evidente que muchas de ellas han superado los cuarenta y cinco años y han visto cómo sus conocimientos necesitan una readaptación profesional y por tanto la formación será el puente imprescindible para desempeñar sus nuevos cometidos. Las nuevas tecnologías van a facilitar no sólo su trabajo, sino que redundará en beneficio de los usuarios a los que presten servicio. Esta necesidad formativa continuada debe entenderse como una inversión en talento por parte de las empresas, siendo de una alta rentabilidad para todas las partes. Las empresas ganarán en competitividad al tener personas trabajadoras más cualificadas y éstas a su vez aumentarán y mejorarán sus competencias. La combinación de experiencia y capacitación digital de este grupo de mediana edad va a dar unos magníficos resultados, de los cuales toda la sociedad se va a beneficiar.

En este nuevo panorama inmerso en la economía digital, el empleo en el sector de las tecnologías de la información y comunicación (TIC) ofrece grandes alternativas laborales, pero es evidente que existen posturas encontradas entre las opiniones vertidas por el sector empresarial español, donde se manifiesta la escasa cobertura de puestos relacionados con la tecnología, especialmente los relacionados con la ciberseguridad, donde la oferta no deja de crecer, y que se contrapone con las altas tasas de paro a nivel general. Por su parte, los profesionales TIC alegan, por el contrario, que el motivo para la existencia de vacantes son los bajos salarios que se ofrecen, algo que no ocurre en puestos equivalentes que se ofertan desde otros países, lo cual lleva implícito una importante fuga de talento.

La economía digital en España ha pasado en el último año de un 19 % a un 22 % del PIB. En este mismo plazo, se han acometido importantes cambios para hacer realidad una incipiente nación digital, que obtendrá un gran avance apoyado en los fondos aportados por el Plan de Recuperación, Transformación y Resiliencia, que destinan una gran partida a la transformación digital, y esto conlleva una necesidad de personas trabajadoras formadas adecuadamente. En relación con esto último, se necesitan más profesionales en el sector TIC procedentes de ciclos universitarios, donde existe un cierto desajuste entre el número de plazas disponibles para cursar estudios relacionados con el sector tecnológico y un elevado número de solicitudes de estudiantes de nuevo ingreso.

Tenemos ahora una gran oportunidad de crear una fuerza del trabajo altamente cualificada para abordar el reto de la digitalización. En este punto aún debemos seguir haciendo más esfuerzo para acabar con la brecha existente entre hombres y mujeres en los campos de la digitalización y las nuevas tecnologías, debemos fomentar las competencias STEM entre las mujeres y apoyar esas vocaciones desde niñas. Precisamente, el presidente del Gobierno anunció en el reciente debate sobre el estado de la nación la puesta en marcha del programa Código Escuela 4.0, gracias al cual 6 millones de alumnos y alumnas de Educación Infantil, Primaria y ESO en España podrán desarrollar su competencia digital de manera general y en concreto en pensamiento computacional, programación y robótica.

Es tarea de todos construir una sociedad más igualitaria, donde todas las personas tengan las mismas oportunidades. La universalización de la formación es la mejor arma para ello y la contribución de todos los actores involucrados en ello dará como resultado construir un país más justo y competitivo, capaz de afrontar los importantes desafíos de la economía digital.

PRIMERA PARTE

CAPÍTULO 1
LA FORMACIÓN EN COMPETENCIAS DIGITALES
Carmen Menéndez González-Palenzuela

Existe un consenso generalizado basado en la formación a lo largo de toda la vida como un proceso continuo, que permite situarnos en mejores condiciones frente a la vida en general y particularmente en relación con el empleo.

En estos momentos, la nueva cultura para implantar la estabilidad en el empleo y el trabajo decente, fruto del pacto social, viene a rediseñar el escenario en el que se plantea la formación como derecho, con mayores potencialidades para desarrollarse en el ámbito de la empresa.

Aprender para adquirir nuevas competencias, en el contexto que nos ocupa en este libro, las competencias digitales, es uno de los retos que nos obliga a las administraciones, los interlocutores sociales, las empresas, las entidades formativas y el conjunto de las personas trabajadoras, para no dejar a nadie atrás y para lograr una gobernanza democrática del proceso de transformación digital, en el que estamos inmersos, de manera que seamos capaces de aprovechar el potencial de la digitalización para transformar el modelo económico hacia un sistema de economía circular. De ahí la importancia y oportunidad de hibridar la formación en competencias digitales y la vinculada a la que viene a denominarse «economía verde».

Los cuatro ejes transversales del Plan Nacional de Recuperación, Transformación y Resiliencia: la transformación digital, la transición energética, la igualdad de género y la cohesión social y territorial, están marcando los caminos por los que ya transitamos y se han identificado por la Comisión Europea como los ejes sobre los que pivotan tanto los fondos del Mecanismo de Recuperación y Resiliencia, como las reformas que se están implementando en el contexto del Plan.

No cabe duda de que estos cuatro ejes se entrecruzan y que de la eficacia estratégica y concreta de las acciones implementadas en este marco nos acercaremos a la superación de las brechas actuales y de las que pudieran estar por venir, en el caso de no actuar con una intervención bien planificada y una fluida ejecución.

En el caso de la transformación digital, el proceso en marcha, desde hace ya tiempo, requiere que sigamos afrontando el reto formativo a través de metodologías didácticas innovadoras, partiendo de un proceso de detección e identificación de necesidades formativas, para alcanzar las competencias que nos permitan el mejor desempeño tanto de las ocupaciones emergentes en el mercado laboral como de cualquiera de los puestos de trabajo actuales y futuros, dado que junto a las competencias técnico-profesionales orientadas a los sectores de la economía digital, sabemos ya que en estos momentos el 90 % de los puestos de trabajo requieren de competencias digitales básicas.

El Dato como energía tractor para las empresas, el Internet de las Cosas, la ciberseguridad como elemento de garantía y salvaguarda básica, la robótica, en definitiva los procesos de automatización y digitalización requieren de planes de transformación digital, creando ecosistemas de desarrollo que nos permitan garantizar el acceso a la formación para la transformación digital en la microempresa, el acceso para las personas trabajadoras autónomas, las personas trabajadoras en paro, y en general para las trabajadoras y los trabajadores del conjunto de los sectores productivos, incluidos los trabajadores de los servicios públicos, tantas veces olvidados.

Si queremos trascender de la mera tecnología, la estrategia digital debe inspirarse en el modelo de transformación productiva, logrando con ello alcanzar el objetivo de una transformación digital más avanzada y más democrática, sin exclusiones. La garantía de conectividad y la salvaguarda de los datos son dos elementos de partida básicos para alcanzar los objetivos propuestos.

Desde el Servicio Público de Empleo Estatal, con el conjunto del Sistema Nacional de Empleo, estamos teniendo la oportunidad de favorecer la reforma de las políticas activas de empleo, la Estrategia Española de Apoyo Activo al Empleo 2021-2024, con un enfoque centrado en las personas y en las empresas, impulsando procesos de acompañamiento, a través de la nueva red de Centros de Orientación, Emprendimiento, Acompañamiento e Innovación para el Empleo que el Plan Nacional de Recuperación, Transformación y Resiliencia nos está permitiendo impulsar. Una estrategia con un enfoque coherente con el proceso de transformación productiva, en el que la transformación digital y verde son determinantes, orientado a resultados, conscientes como somos que sólo lo que se evalúa puede mejorar; aumentando las capacidades del Sistema Nacional de Empleo, para lo que la nueva Ley de Empleo, en proceso de tramitación, va a resultar decisiva, a través de una nueva gobernanza que refuerce la cohesión del sistema, la vertebración, la incorporación de nuevos roles y la estabilidad financiera de las políticas activas de empleo, nos permitirá una planificación estratégica, con seguridad y garantías de calidad de todos los actores y particularmente de las acciones formativas y las acciones de información, orientación y acompañamiento.

Modelar y acompañar el proceso de transformación digital, aprovechar las oportunidades que éste brinda y transitar los caminos de manera compartida dando a la formación el valor social que tiene en este proceso transformador es el reto que nos ocupa. Y, es en el impulso a este valor social de la formación en el que trabajamos para lograr un marco normativo que proporcione seguridad, estabilidad y flexibilidad, con un enfoque hacia las necesidades de las personas trabajadoras y de los procesos transformadores de las empresas y los sectores productivos.

Trabajamos para buscar soluciones y ofrecer oportunidades; en nuestro caso desarrollamos las primeras convocatorias estatales de formación para la adquisición de competencias digitales, incluyendo especialidades formativas tanto de niveles de competencia básicos, como intermedios y avanzados, incluyéndolos en el Catálogo de Especialidades Formativas del Sistema Nacional de Empleo. A través de la FUNDAE, hemos creado el mayor espacio de colaboración público-privada y público-pública, en el que las grandes compañías tecnológicas iniciaron esta andadura de colaboración, poniendo a disposición de la Plataforma Digitalízate+ acciones formativas para la adquisición de competencias digitales, con carácter gratuito.

Asimismo, se ha priorizado el emprendimiento digital de las mujeres, a través de los programas de los Servicios Públicos de Empleo Autonómicos, y se ha iniciado, desde el SEPE, a través de una licitación pública financiada con cargo a los fondos MRR, un ambicioso y necesario programa de alfabetización digital para las mujeres, en el marco del

Programa de Fomento del Empleo Agrario en las veintiocho provincias de las ocho Comunidades Autónomas de gestión de estos programas.

Continuamos con las convocatorias de formación en competencias digitales para personas trabajadoras ocupadas; se ha priorizado esta formación para las personas trabajadoras en ERTE. En definitiva, se están desplegando todos los mecanismos que hagan posible la accesibilidad y el acompañamiento, en el reto de dar respuesta a la transformación digital.

En el futuro del trabajo, existen habilidades que ganan importancia para poder resolver problemas complejos, tener pensamiento crítico, ser creativos, disponer de capacidad negociadora, inteligencia emocional, orientación de servicio, flexibilidad cognitiva, entre otras, junto a los bloques de competencias como el pensamiento computacional o la mentalidad de diseño, y han emergido perfiles digitales como los relacionados con el big data, el e-commerce, la ciberseguridad, el desarrollo de aplicaciones para móviles, la gestión de contenidos digitales, los profesionales de las metodologías Agile, las personas especialistas en banca digital, en ingeniería alimentaria, en impresión de alimentos en 3D, la biotecnología o la digitalización en los procesos clínicos y de la salud.

La formación hacia la adquisición de estas competencias digitales es el camino que nos permitirá una mejor accesibilidad al empleo. Es nuestra obligación y responsabilidad poner a disposición de las personas trabajadoras y de las empresas las posibilidades de acceso a las mismas, empezando con procesos de orientación e información que nos asesoren adecuadamente sobre los retos y las potencialidades de este proceso. Seguimos en el camino.

CAPÍTULO 2
¿Y SI HABLAMOS DE GESTIÓN DEL CONOCIMIENTO EN VEZ DE FORMACIÓN?

Antonio de Luis Acevedo

Heráclito puso en su haber «en el caos no hay error».

El infinito en un junco, «la épica del conocimiento» como su propia autora declara. El viaje que el libro propone, nos adentra en la evolución del conocimiento a lo largo de los siglos y en su gestión, «del escriba que cuenta los sacos de trigo, a la inteligencia artificial» ... Salto abismal.

Intentando explicar el Sistema Nacional de Cualificaciones y Formación Profesional al representante de una corporación tecnológica y la validación de estas en todo el territorio estatal, me comentó que su sistema de certificación formativa estaba ya ampliamente convalidado en 120 países, dejando algo débil mi explicación.

En ese momento pensé: «Mejor escucho, ¿verdad?»... Si no aceptamos e integramos en nosotros mismos la existencia de una realidad diferente, cambiante y de la que podemos aprender, ¿cómo podremos generar construcciones de la gestión del conocimiento y avanzar?

Intentaré, con mi exposición, compartir mis dudas más relevantes en cuanto a la gestión del conocimiento en el ámbito laboral y nuestra capacidad de respuesta ante el momento actual del desarrollo humano, tan inmerso en procesos de cambio, digitalización, adaptación de los modelos productivos o en la necesaria gestión medioambiental y energética. Me atrevo a ir más allá: ¿cómo reaccionaremos ante un hoy en el que los valores democráticos y sociales están siendo tan «inestables» y puestos en cuestionamiento?Enmarcada en el proceso de digitalización, mi exposición está estructurada en SIETE reflexiones previas y en una presentación final de mi organización. «¿Para qué vale este señor?», se preguntaría mi equipo si no lo hiciera.

Mi primera reflexión: el cambio de modelo de conocimiento

El modelo de conocimiento del siglo XX incluía a la Administración y a la universidad como generadores estratégicos de conocimiento, saber y técnica. En el siglo XXI, la gestión y el control de ese conocimiento se amplía a las grandes corporaciones privadas, convirtiéndose prácticamente en los actuales propietarios tanto del conocimiento como de la tecnología.

Estas corporaciones privadas, las grandes compañías tecnológicas, las farmacéuticas o las industrias químicas son las que desarrollan patentes, lenguajes de programación, algoritmos, réplicas de células, copias de ADN, robots, drones e inteligencia artificial entre otros múltiples avances e invenciones.

Ejemplos de ello:

- El **5G**, quinta generación de tecnologías de telefonía móvil desarrollado por Huawei y otras compañías, va a permitir una conectividad absoluta de todos

30

los dispositivos inteligentes y va a propiciar tanto el Internet de las Cosas como el avance en realidad aumentada y virtual.

- **Mandarinas con patente**: actualmente hay variedades de esta fruta con su propia patente, igual que ocurre con toda la parte transgénica. La variedad de mandarina **Nadorcott** es una variedad protegida, extensamente conocida entre los agricultores y los juzgados.
- Los **Centros de Proceso de Datos** (CPD), verdaderos pozos de petróleo del siglo XXI. Edificaciones enormes donde almacenamos toda nuestra vida, sondada de datos.

Un coche autónomo tendrá un consumo de datos de un terabyte al día, que deberá ser almacenado en cloud, algo que se traduce por nube, pero es hormigón, y así varias paradojas más.

Fundae y SEPE en el año 2021 han desarrollado un trabajo exhaustivo de apoyo a estos CPD, elaborando las dieciséis especialidades de formación clave que van a necesitar las personas trabajadoras que desarrollen su actividad en estos centros.

Fundae, plenamente consciente de este cambio de modelo, ha establecido lazos de colaboración y trabajo con cincuenta compañías tecnológicas en la creación de un espacio de encuentro, Digitalízate, en el que se encuentran albergados más de mil cien recursos formativos. Este espacio es un modelo pionero de colaboración público-privado y público-público, por responsabilidad social corporativa, totalmente vivo y en el que actualmente se trabaja en nuevas líneas que acerquen la digitalización a la pyme y a las personas trabajadoras.

Segunda reflexión: La brecha digital: no podemos permitírnosla

En una entrevista con un dirigente de un complejo cooperativo español, comentaba que tenemos que planificar el proceso de digitalización a través de la formación y los sistemas retributivos equitativos, para evitar la fractura social que, a largo plazo, entraña violencia social.

Esta violencia es palpable en colectivos que se encuentran al margen de la nueva sociedad del conocimiento y, consecuentemente, de los procesos de digitalización. Los populismos pretenden una vuelta a una utopía pasada, que nunca existió. Imágenes distópicas como la toma del Congreso de los Estados Unidos, o posturas directamente antidemocráticas, tienen su detonante en un proceso de cambio no asumido.

El correlato de una brecha digital no resuelta puede provocar la emergencia de fenómenos como el *trumpismo* y la destrucción del propio sistema de convivencia.

Impulsar y facilitar el acceso de la mujer al proceso de digitalización a través de la formación en STEAM es otro de los grandes retos en la brecha digital; no podemos dejar a la mitad de la población fuera de este proceso de transformación.

La brecha digital deriva inexorablemente en la falta de profesionales, reconocida desde diferentes ámbitos del mundo laboral. Es en el diálogo social y en la confluencia de los actores, donde debe estar la planificación de la gestión del conocimiento para ofrecer soluciones a esta situación.

En este sentido, el papel de las administraciones públicas debe ser objeto de reflexión y como tales:

a) Deben ser proveedoras de información fidedigna sobre la que los ciudadanos puedan tomar decisiones congruentes sobre su vida y trayectoria profesional.

b) Deben ejercer un control de algoritmos que impida la exclusión social. Es interesante la herramienta del SEPE, Senda, que aplica un algoritmo incluyente, permitiendo a toda la ciudadanía la obtención de un servicio de empleo e impidiendo la exclusión social de otros algoritmos de perfilado de desempleados.

c) Deben adecuar el acceso a la formación y ejercer de «traductoras» de la tecnología. El papel de generador de contenidos que NO dan respuesta a las necesidades no tiene sentido.

Tercera reflexión: Continúan mis reflexiones...

Así como en las novelas victorianas el asesino siempre era el mayordomo, en la gestión del conocimiento lo son el territorio, el sector y el tamaño de la empresa donde:

- El desarrollo del proceso de digitalización del sistema productivo es desigual en las diferentes regiones españolas; ello se aprecia claramente en la formación demandada por ellas.

- El sector productivo es también crucial en las decisiones y actuaciones que impregnen la gestión del conocimiento; hay sectores que han emprendido el cambio de modelo con fuerza y otros que aún no han empezado a valorar el impacto de determinadas tecnologías sobre su modelo de negocio.

- El tamaño de la empresa incide directamente en la gestión del conocimiento: ejemplo de ello es el incremento de más del 28 % de la utilización de la gran empresa del crédito de formación, mientras la pyme aún desconoce en muchos ámbitos cuál es su necesidad de formación.

La pyme considera que, con sus cargas de trabajo, el esfuerzo que deberían realizar sus plantillas imposibilita el acceso de este colectivo a la formación.

Hay que articular fórmulas que ecualicen estas tres variables del mundo empresarial.

Cuarta reflexión: La detección de necesidades de formación: *hay que saber en qué formar*

Infructuosa será la gestión del conocimiento si no tenemos un horizonte que responda a las necesidades de las empresas y de las personas trabajadoras. Aunque esta frase parezca una obviedad, la realidad a la que nos enfrentamos es otra.

Empresas de selección que analizan la distribución de puestos sin cubrir por localidad en el área de la digitalización, barajan cifras que alcanzan los 124.000 puestos TIC sin cubrir y/o en mejora de empleo. Se desconoce, por ejemplo, si en Almagro hay desarrolladores en lenguaje de programación PYTHON, si son suficientes o realmente no son necesarios.

La permanencia máxima de un año y medio en puestos de trabajo de sectores tecnológicos, que se enfrentan a una profunda falta de vinculación con la organización y su pertenencia a ella. Actualmente, la captura de talento español se está llevando a cabo por empresas francesas y alemanas, por lo que es evidente que nos enfrentamos a serias dificultades para consolidar el talento en nuestro país, por el abismo salarial que nos separa de las empresas de estos países.

«La IA mató a la estadística», podemos analizar todo el universo y no la muestra. Necesitamos una información fidedigna y real de la necesidad formativa, que cubra empresa y persona trabajadora.

Quinta reflexión: la creación y el mantenimiento del talento digital en la empresa y el territorio, van a ser estratégicos

La gran empresa debe ser el motor estratégico de los sectores productivos, con una mayor integración en la vida económica de su territorio y área de influencia.

No debe trasladar su responsabilidad a otros actores; su papel tractor en el territorio y en la formación es ineludible, o desgraciadamente se quedará sin profesionales que cubran las necesidades en el desarrollo de su actividad.

Sexta reflexión: Digitalización global

La «globalización» también debe llegar a todos los sectores y a todos los puestos de trabajo desde dos vertientes diferenciadas pero complementarias: el componente transversal y el componente sectorial.

El proceso de digitalización transversal conlleva todas aquellas tecnologías que afectan al conjunto de sectores, prestando especial interés a un eje transversal clave: la ciberseguridad. No podemos abocar a la empresa a un proceso de digitalización, sin pensar en la seguridad de sus operaciones.

En paralelo, estamos viviendo un proceso de cambio de modelo energético, con nuevas tecnologías que convierten éste en un proceso transversal al sistema productivo.

El proceso de transformación digital sectorial contendría aquellas herramientas y tecnologías que van a afectar a sectores concretos. Ejemplos encontramos en el sector de la construcción (Herramienta BIM) o en la agricultura (Drónica de precisión).

Séptima y última reflexión: las *soft skills*

Hoy en día, siguiendo a Sennett, profesor de la nueva sociología industrial en su libro *La corrosión del carácter*, el cambio de modelo productivo implica que las personas trabajadoras pasarán al menos por unos diez empleos de promedio a lo largo de su vida laboral, sin una relación constante con una única empresa y sin relación emocional con la misma.

La formación a lo largo de la vida será el relato social de nuestro día a día. Por eso, articular la formación y la gestión del conocimiento, será importantísimo en esta nueva forma de producción: las *soft skills* tienen un papel crucial en esta situación; así, el aprendizaje por retos, los idiomas, el saber trabajar en equipo, explicar lo que hacemos, el *design thinking*, el trabajo por tribu o las metodologías ágiles deben ser introducidas en todas las fases de la formación.

¿Qué hace mi organización, Fundae, en este contexto? Haciendo un breve apunte al respecto diremos que:

- Detecta necesidades y planifica la formación necesaria para el mercado laboral, en estrecha colaboración con los agentes sociales, con el Servicio Público de Empleo Estatal y su Informe del Observatorio de Ocupaciones, así como con otros actores clave.
- Gestiona ayudas económicas a la formación, en diferentes iniciativas, formación programada por las empresas o formación subvencionada a través de diferentes convocatorias.
- Contamos cás de cinco millones de participantes formados.

- Hemos desarrollado 92.700.000 horas de formación (70 % de formación bonificada y 30 % de formación subvencionada).
- Elabora y ejecuta convocatorias enmarcadas en el Plan Nacional de Recuperación, Transformación y Resiliencia del Gobierno de España.
- Prevé 1.600.000 plazas de formación subvencionada para ocupados, dentro del área de gestión SEPE/Fundae, para 2022.
- Recibe casi cuatro millones de visitas en su espacio de colaboración público-privada Digitalízate.

Si tuviera que concentrar toda la información que pretendo transmitir en este capítuloen una frase, ésta sería un hipervínculo: https://digitalizateplus.fundae.es/. Incluso en esto la gestión del conocimiento está presente: «Sustituimos citas por hipervínculos».

Comenzaba este texto con Heráclito; quiero finalizar con la reflexión que llevó a cabo sobre este tema Benoît Mandelbrot, el hombre que puso orden al caos. En su estudio refleja cómo se ordena la naturaleza en el caos formando formas geométricas estables. En el caso de la gestión del conocimiento, el paradigma de este matemático se cumple.

CAPÍTULO 3
FORMACIÓN Y CAPACITACIÓN DIGITAL COMO FACILITADORES DE LA EMPLEABILIDAD

Juan Carlos Tejeda

España: desajuste entre oferta y demanda

No me cabe la menor duda de que no lo estamos haciendo bien, como se pone de manifiesto cuando comprobamos que, a finales del pasado mes de marzo de 2022, España continuaba siendo el país europeo con la mayor tasa de desempleo de la eurozona (13,5 % frente al 6,8 % de media), seguido de Grecia (12,9 %); e Italia (8,3 %). Por el contrario, las menores cifras de paro se observaban en países como la República Checa (2,3 %), Alemania (2,9 %) y Polonia y Malta (ambos con un 3 %).

Esta situación contrasta notablemente con el hecho de que más de la mitad de las empresas españolas continúan teniendo dificultades para encontrar trabajadores, lo que se debe, entre otras razones, a las nuevas pautas de trabajo que se están implementando en nuestras compañías (ej.: Scrum, Kanban, Lean); a los cambios estructurales que están sufriendo éstas y, sobre todo, a las nuevas tecnologías y a la falta de competencias digitales que permitan a los trabajadores utilizarlas. Existen puestos vacantes en muchas de ellas, más de cien mil según EUROSTAT, siendo aproximadamente dos terceras partes de difícil cobertura[1], lo que afecta directamente a la competitividad de nuestras empresas, especialmente si se trata de pymes.

Seasonally adjusted unemployment, totals

	Rates (%)					Number of persons (in thousands)				
	Mar 21	Dec 21	Jan 22	Feb 22	Mar 22	Mar 21	Dec 21	Jan 22	Feb 22	Mar 22
Euro area	8.2	7.0	6.9	6.9	6.8	13 205	11 571	11 441	11 350	11 274
EU	7.5	6.4	6.3	6.3	6.2	15 733	13 719	13 594	13 459	13 374
Belgium	6.7	5.7	5.6	5.6	5.6	342	299	295	294	296
Bulgaria	5.8	4.6	4.5	4.4	4.3	190	148	145	143	138
Czechia	3.3	2.2	2.3	2.5	2.3	174	115	122	133	123
Denmark	5.7	4.5	4.6	4.4	4.5	173	139	141	136	139
Germany	3.9	3.2	3.1	3.0	2.9	1 654	1 365	1 335	1 306	1 280
Estonia	6.7	5.4	5.8	5.4	5.4	46	38	41	39	39
Ireland	7.7	5.1	5.2	5.2	5.5	189	135	137	135	146
Greece	16.8	12.8	13.0	12.8	12.9	736	597	598	608	609
Spain	15.4	13.4	13.3	13.4	13.5	3 541	3 113	3 107	3 120	3 164
France	8.2	7.5	7.4	7.4	7.4	2 438	2 270	2 255	2 248	2 228
Croatia	8.4	6.8	6.7	6.6	6.5	152	122	120	119	118
Italy	10.1	8.8	8.8	8.5	8.3	2 486	2 209	2 151	2 122	2 074
Cyprus	8.2	6.6	6.5	6.3	5.9	37	31	31	30	28
Latvia	7.7	7.4	7.3	7.2	7.0	71	69	68	67	66
Lithuania	7.4	6.6	7.0	7.0	6.9	108	97	102	103	103
Luxembourg	6.1	4.9	4.7	4.6	4.5	20	16	15	15	14
Hungary	4.0	3.6	3.8	3.7	3.2	193	177	184	180	157
Malta	3.8	3.2	3.1	3.1	3.0	10	9	9	9	9
Netherlands	4.6	3.8	3.6	3.4	3.3	439	369	354	336	327
Austria	6.6	4.8	4.8	4.8	4.2	301	222	223	221	195
Poland	3.7	3.1	3.0	3.0	3.0	636	532	524	522	526
Portugal	6.8	5.8	5.8	5.6	5.7	334	302	298	292	296
Romania	5.9	5.7	5.7	5.7	5.7	486	472	469	468	475
Slovenia	5.1	4.4	4.2	4.1	4.0	50	46	43	42	41
Slovakia	7.1	6.6	6.6	6.5	6.5	194	182	182	180	178
Finland	8.0	6.9	6.8	6.7	6.6	220	192	190	187	185
Sweden	9.1	8.0	7.9	7.7	7.6	503	448	439	432	425
Iceland	6.6	4.5	4.4	4.4	4.3	13	10	9	9	9
Norway	4.7*	3.3	3.1	3.1	:	134*	96	91	90	:
Switzerland	5.5	4.5	:	:	:	269	223	:	:	:
United States	6.0	3.9	4.0	3.8	3.6	9 560	6 368	6 607	6 407	5 880

: Data not available   * February 2021
Source datasets: une_rt_m (rates) and une_rt_m (in 1 000 persons)

ec.europa.eu/eurostat

Gráfico 1: Fuente: EUROSTAT (marzo de 2022)

No podemos obviar la gran velocidad a la que se está produciendo el cambio tecnológico y que está obligando a cambiar de una forma radical al mundo empresarial, especialmente tras una pandemia que ha acelerado todos los procesos de digitalización que se habían iniciado anteriormente (ej.: teletrabajo, teleeducación, e-Learning, sanidad virtual, e-Commerce, etc.).

---

1   Informe *Déficit de talento y desajuste de competencias* elaborado por Randstad Research, enero de 2018.

Esta situación resulta aún más grave si la ponemos en comparación con la tasa de desempleo entre los jóvenes menores de 25 años, ya que nuestro país también ostenta el porcentaje más elevado de desempleo durante el pasado mes de marzo (29,6 %), duplicando la tasa de paro de la zona euro y del conjunto de la Unión Europea (13,9 %), seguido por Grecia (27,2 %), Italia (24,5 %) y Suecia (22,3 %).

Seasonally adjusted youth (under 25s) unemployment

	Rates (%)					Number of persons (in thousands)				
	Mar 21	Dec 21	Jan 22	Feb 22	Mar 22	Mar 21	Dec 21	Jan 22	Feb 22	Mar 22
Euro area	18.4	14.5	14.3	14.0	13.9	2 605	2 156	2 130	2 115	2 098
EU	18.1	14.4	14.2	14.0	13.9	3 202	2 658	2 621	2 594	2 579
Belgium	19.4	15.5	13.5	13.5	13.5	71	62	54	54	54
Bulgaria	15.9	15.3	14.9	14.8	14.4	21	18	18	18	17
Czechia	10.1	7.7	6.4	7.3	6.9	27	21	17	20	19
Denmark	13.0	10.0	10.0	10.1	10.3	55	44	44	43	45
Germany	7.7	5.7	5.6	5.5	5.5	326	253	250	247	244
Estonia	16.2	18.2	19.5	18.4	18.4	8	9	10	10	9
Ireland	18.7	12.4	13.0	12.7	12.3	54	44	47	46	46
Greece	41.9	28.8	35.6	30.8	27.2	90	59	73	72	60
Spain	38.2	31.2	30.4	29.8	29.6	560	472	471	471	479
France	20.7	16.7	16.2	16.4	16.3	604	523	508	519	522
Croatia	23.6	18.4	17.0	17.0	17.0	35	25	23	23	23
Italy	32.2	26.2	24.8	24.2	24.5	446	387	363	354	359
Cyprus	18.4	16.4	16.0	16.0	16.0	7	6	6	6	6
Latvia	16.2	11.4	10.8	10.3	9.8	9	6	6	6	5
Lithuania	15.2	10.6	11.5	11.5	11.5	15	11	13	13	13
Luxembourg	20.1	15.7	14.6	14.4	14.0	5	4	4	3	3
Hungary	12.0	11.5	11.7	10.6	9.2	38	36	36	32	28
Malta	9.9	11.7	10.8	10.5	10.0	3	3	3	3	3
Netherlands	10.4	7.8	7.6	7.3	7.1	172	134	131	126	124
Austria	12.7	8.1	9.1	8.7	6.9	63	40	44	44	34
Poland	14.1	9.5	9.3	9.1	9.1	148	100	97	95	95
Portugal	22.7	20.9	20.6	20.2	21.6	71	68	66	65	70
Romania	20.9	22.0	:	:	:	115	118	:	:	:
Slovenia	14.8	10.1	8.0	8.0	8.0	8	8	6	6	6
Slovakia	22.4	19.1	19.0	18.9	18.8	32	27	27	27	27
Finland	19.5	14.3	14.1	13.9	13.8	61	44	44	43	43
Sweden	24.7	23.3	22.9	22.6	22.3	151	146	144	142	141
Iceland	12.3	9.3	9.3	9.4	9.4	3	3	3	3	3
Norway	11.8	9.1	8.8	8.1	:	42	35	34	32	:
Switzerland	9.2	8.1	:	:	:	53	48	:	:	:

: Data not available
Belgium, Croatia, Cyprus, Romania and Slovenia: quarterly data
Source datasets: une_rt_m (rates) and une_rt_m (in 1 000 persons)

ec.europa.eu/**eurostat**■

Gráfico 2: Fuente: EUROSTAT (marzo de 2022)

Si, además, tenemos en cuenta la elevada tasa de fracaso escolar y el abandono escolar temprano, unido al alto porcentaje de nuestra población activa que apenas posee estudios primarios y no tiene ningún tipo de cualificación profesional reconocida (once millones de trabajadores aproximadamente), la situación se convierte en alarmante.

El origen seguramente no sea único, pero sin duda alguna, el importante alejamiento entre el mundo educativo/formativo y el empresarial existente en nuestro país está en el epicentro del mismo, provocando una falta de ajuste entre la oferta y la demanda de cualificaciones, que se ha ido agravando en los últimos tiempos por la citada evolución y sofisticación de los sistemas productivos y digitales.

Competencias digitales en España

Tal y como señalamos en el «Plan Digital 2025» de CEOE, «las nuevas tecnologías digitales están constituyendo el principal motor de transformación social y económica, impactando directamente en las administraciones públicas, empresas y ciudadanos».

Por eso, todo lo que se pueda digitalizar, se digitalizará; todo lo que se pueda automatizar, se automatizará; todo lo que se pueda conectar, se conectará y todo lo que se pueda analizar, se analizará.

Sin embargo, en nuestro país no parece que lo tengamos muy claro, no estando donde debería estar en cuanto al nivel de las competencias digitales de su población, tal y como se pone de manifiesto en el Índice de Economía y Sociedad Digital (DESI) 2021, que resume cinco indicadores del rendimiento digital de Europa y que permite un seguimiento de la evolución de los Estados miembros de la Unión Europea en la competitividad digital y una comparación de datos. Estos cinco indicadores que ha definido este Índice son el de la conectividad, el capital humano, el uso de Internet, la integración de la tecnología digital y los servicios públicos digitales.

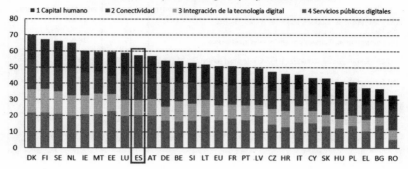

Índice de la Economía y la Sociedad Digitales (DESI), clasificación de 2021

Si bien es cierto que, en el ranking general, España ocupa el noveno puesto entre los veintiocho Estados miembros de la Unión Europea y que obtenemos buenos resultados en materia de servicios públicos digitales o en conectividad, a pesar de persistir todavía algunas diferencias entre las zonas urbanas y las rurales, en relación con el capital humano, estamos en el puesto decimosegundo.

1 Capital humano

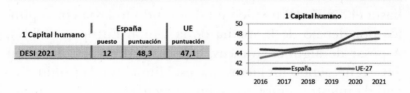

1 Capital humano	España		UE
	puesto	puntuación	puntuación
DESI 2021	12	48,3	47,1

Aunque estamos mejorando en las diferentes ratios en los últimos años, su evolución todavía es muy lenta y continúa lastrando la competitividad de nuestras empresas:

	España			UE
	DESI 2019	DESI 2020	DESI 2021	DESI 2021
1A1 Competencias digitales, al menos de nivel básico % personas	55 % 2017	57 % 2019	57 % 2019	56 % 2019
1a2 Competencias digitales por encima del nivel básico % personas	32 % 2017	36 % 2019	36 % 2019	31 % 2019
1a3 Conocimientos de software, al menos de nivel básico % personas	58 % 2017	59 % 2019	59 % 2019	58 % 2019
1b1 Especialistas en TIC % personas con empleo de 15-74 años	3,5 % 2018	3,6 % 2019	3,8 % 2020	4,3 % 2020
1b2 Mujeres especialistas en TIC % especialistas en TIC	18 % 2018	20 % 2019	20 % 2020	19 % 2020
1b3 Empresas que proporcionan formación en TIC % empresas	21 % 2018	22 % 2019	20 % 2020	20 % 2020
1b4 Titulados en TIC % titulados	4,0 % 2017	3,9 % 2018	4,2 % 2019	3,9 % 2019

En el año 2021, sólo el 57 % de la población española tenía competencias digitales, al menos de nivel básico, justo por encima en un punto de la media de la Unión (56 %), pero aún muy lejos del objetivo de conseguir que el 80 % de la población tenga este tipo de competencias digitales básicas para 2030.

Además, únicamente el 36 % de la población activa española poseía competencias digitales por encima del nivel básico, lo que dificulta el progreso de la digitalización de las empresas y la aceptación de tecnologías digitales avanzadas.

La proporción de especialistas en TIC aumentó en el 2021 hasta el 3,8 % del empleo total, estando todavía cinco puntos por debajo de la media de la Unión Europea (4,3 %). A pesar de algunos avances, la escasez de especialistas en TIC sigue siendo un factor que está limitando la productividad de nuestras empresas y, en particular, la de las pymes y microempresas.

Hay perfiles profesionales que presentan un incremento de su demanda en los últimos años que es totalmente exponencial por parte de nuestro tejido empresarial, con un crecimiento de hasta un 650 % (ej.: Data Analysts y Data Scientists; Ingenieros de software, System Administrators,

IA, Robótica y automatización de procesos, Ciberseguridad y Cloud)[2], mientras que la capacidad que tenemos para generar estos profesionales por parte de nuestros sistemas de formación es muy inferior a la demandada,motivado principalmente por la citada falta de oferta de estas posiciones y por una escasez de estos perfiles. No obstante, los perfiles generalistas del sector necesitarán especializarse en los nuevos entornos más complejos e interconectados que demandan las empresas, donde, cada vez más, se valoran las certificaciones oficiales de fabricantes.

Asimismo, el desequilibrio de género sigue siendo significativo y el porcentaje de mujeres, dentro del total de especialistas en TIC, sigue siendo tan sólo del 20 %, justo por encima de la media de la Unión Europea (19 %).

A este respecto, si bien es cierto que la presencia de mujeres en las universidades españolas es superior a la de hombres (55,6 % frente al 44,4 %), en el caso de las carreras STEM, estas ratios se invierten. Por ejemplo, en el caso de los estudios de «Ingenierías y Arquitecturas», las mujeres únicamente representan un 25,7 % del total[3], y en el caso de «Informática» sólo se alcanza el 12,9 %.

Asimismo, solamente el 47 % de las estudiantes en las ramas de bachillerato de «Ciencia y Tecnología» son mujeres y, en el caso de la Formación Profesional, la presencia femenina es todavía menor, llamando la atención el 11,4 % en familias profesionales como «Informática y Comunicaciones», el 9,4 % en «Fabricación Mecánica» o el 4,8 % en «Electricidad y Electrónica»[4].

---

2   Estudio Tech Cities, 2021. ManpowerGroup Experis.
3   Datos y cifras del Sistema Universitario Español. Publicación 2021-2022. Estadísticas del Ministerio de Universidades.
4   Informe *Igualdad en Cifras 2020* del Ministerio de Educación y Formación Profesional.

Por otra parte, y tal y como pone de manifiesto el Informe DESI-2021, sólo una de cada cinco empresas proporciona formación en TIC a sus trabajadores, debiendo hacernos reflexionar al respecto en relación con la eficiencia del vigente Sistema de Formación Profesional para el Empleo.

En el año 2021 y en el marco del sistema de «Formación programada por las empresas», del total de 65 millones de horas de formación bonificadas por las empresas, únicamente el 8,4 % (5,5 millones de horas de formación) eran acciones pertenecientes a la familia profesional de «Informática y Comunicaciones», con una presencia femenina que alcanzaba sólo el 44 % del total[5].

Asimismo, el Marco europeo de competencias digitales DIGCOMP, que proporciona una descripción detallada de todas las habilidades necesarias para ser competente en entornos digitales, ha tenido un nulo impacto en el mercado laboral. Ni las empresas ni los trabajadores lo conocen, ni en sus planes de formación lo están incorporando.

El análisis de todos estos datos nos debe llevar a la conclusión de que nuestro país tiene un serio problema en relación con la adquisición de competencias digitales de su población activa, y que se requieren soluciones de elevado impacto y de retorno inmediato.

Y toda esta situación se agrava más aún en un contexto en el que el mercado laboral está cambiando y cambiará más radicalmente a medida que se vayan implantando cada día nuevas tecnologías, lo que está contribuyendo a incrementar el desfase entre oferta y demanda, provocando que una gran cantidad de puestos de trabajo, digitales o no, se estén quedando sin cubrir.

---

5   Estadísticas de FUNDAE. Año 2021.

Reformas de los Sistemas de Educación y Formación

Frente a toda esta situación, nos encontramos en un momento de profundo cambio en el ámbito educativo y en el de la formación, con importantes reformas legislativas impulsadas desde ministerios diferentes: el Ministerio de Educación y Formación Profesional, el Ministerio de Trabajo y Economía Social y el Ministerio de Universidades.

Unas ya han entrado en vigor, como es el caso de la reforma educativa (Ley Orgánica 3/2020, de 29 de diciembre, por la que se modifica la Ley Orgánica 2/2006, de 3 de mayo, de Educación, LOMLOE) y la reforma de la Formación Profesional (Ley Orgánica 3/2022, de 31 de marzo, de ordenación e integración de la Formación Profesional); y otras serán objeto de futura tramitación, como es el caso de la reforma de la Formación Profesional para el Empleo (o «Formación para el trabajo», en su previsible nueva denominación) y la reforma universitaria (Anteproyecto de Ley Orgánica del Sistema Universitario).

Si bien la primera de las reformas (LOMLOE) ha olvidado las competencias digitales, en el caso de la reforma de la Formación Profesional podemos decir que sí que ha hecho una apuesta importante en esta materia, con iniciativas dirigidas a la formación de los docentes, la ampliación de la oferta formativa en competencias digitales o la dotación de importantes partidas económicas al respecto.

Asimismo, esta reforma de la Formación Profesional prevé la aprobación, en colaboración con el sector tecnológico, de un Plan de competencias en digitalización e inteligencia artificial, que incluirá la propuesta de contenidos comunes transversales del currículo para todas las personas que se formen en el marco de este sistema y prevé promover que todo el profesorado y los formadores de FP obtengan el reconocimiento de la competencia digital docente en el Marco de Referencia de la Competencia Digital Docente.

Sin embargo, frente a todas estas reformas presentes y futuras, sigue siendo imprescindible que se ponga en marcha en España una Estrategia única de Cualificación y Formación que integre todas las anteriores reformas y la gran cantidad de iniciativas que se están desarrollando de forma poco coordinada en el marco de los fondos «Next Generation», con especial énfasis en el ámbito de las competencias digitales.

Esta Estrategia, general pero con un desarrollo específico para el ámbito digital, debe alinearse con los objetivos que, como país, pretendemos en el corto, medio y largo plazo; siendo imprescindible que busque la mejora de los negativos ratios que pone de manifiesto el Informe DESI 2021, antes señalado, sobre la adquisición de competencias digitales en nuestro país, así como otros objetivos de cualificación y formación que, desde diferentes instancias europeas, se nos marcan (ej.: Declaración de Osnabrück, Pilar Europeo de Derechos Sociales, etc.).

Asimismo, dicha Estrategia única debe coordinar los actuales sistemas universitario, de formación profesional inicial o de formación profesional para el empleo, entre otros, tanto en el nivel estatal como en el autonómico, y ser liderada desde el Gobierno al máximo nivel posible, contando con la participación activa de los interlocutores sociales como protagonistas en su calidad de legítimos representantes de los intereses económicos y sociales de las empresas y los trabajadores.

Es urgente que se coordinen todos los instrumentos que coexisten en la actualidad, como son los múltiples observatorios utilizados para la prospección de las necesidades del mercado laboral; la orientación profesional; la acreditación de competencias profesionales y, sobre todo, todos aquellos que se están aplicando al ámbito de las competencias digitales.

Soy consciente de que no se trata de una tarea sencilla pero, ahora más que nunca, resulta imprescindible. En un momento como el que estamos viviendo, de un profundo cambio tecnológico («tenemos más tecnología en el bolsillo que la que se necesitó en EE. UU. en 1969 para llevar al hombre a la luna»), no podremos avanzar como país si nos falta una estrategia adecuada para la cualificación. Sin una formación moderna y en la línea de los países de nuestro entorno, no será posible afrontar la transformación que nos toca vivir.

CAPÍTULO 4
FORMACIÓN DIGITAL Y EMPLEABILIDAD
VICENTE SÁNCHEZ JIMÉNEZ

1. Contexto institucional

El Plan de Acción del Pilar Europeo de Derechos Sociales (CE, 2017) marca como objetivos para el año 2030 que al menos el 78 % de la población entre 20 y 64 años tenga un empleo, que por lo menos el 60 % de los adultos participe en actividades de formación cada año y que se logre una reducción de un mínimo de quince millones, las personas en riesgo de pobreza o exclusión social. Para eso propone, entre otras medidas, llevar como mínimo al 80 % de la población a la adquisición de competencias digitales básicas y disponer de veinte millones de especialistas en tecnologías de la información y la comunicación.

Es indudable la trascendencia que las instituciones europeas dan a la transformación digital como uno de los elementos básicos de la necesaria modernización de su sistema productivo. Esta cuestión se refuerza con la aprobación del Plan de Recuperación para Europa (CE, 2021a), NextGenerationEU, que establece cinco líneas específicas de actuación en el ámbito de la digitalización, como son: la educación digital, competencias e inclusión; la sanidad digital; la digitalización de pymes y el impulso de su crecimiento;

la transformación digital, la innovación y el pacto verde; la conectividad e infraestructuras.

En el ámbito específico de la formación comprobamos que la Comisión Europea (2021b), en su Plan de Acción de Educación Digital 2021-2027, define los dos ámbitos prioritarios para el desarrollo de sus iniciativas: el fomento del desarrollo de un sistema educativo de alto rendimiento y la mejora de las competencias y capacidades digitales para conseguir la transformación digital. Para eso, ha actualizado nuevamente el Marco de Competencia Digital para la Ciudadanía (MEFP, 2022), DigComp 2.2, reforzando a su vez el Marco Europeo de Capacitación Digital para los Educadores (MEFP, 2021).

Al igual que la Unión Europea, comprobamos que en el caso de España, la propia creación de una cartera ministerial que une las competencias de los asuntos económicos con la transformación digital indica la importancia que el Gobierno otorga a la imbricación de estas dos materias para la reactivación de la economía tras la pandemia y la sostenibilidad de la misma en el futuro. En este sentido, el Plan Nacional de Competencias Digitales (MINECO, 2021) establece siete líneas de actuación para conseguir los objetivos propuestos, como son: la capacitación digital de la ciudadanía; la lucha contra la brecha digital de género; la digitalización de la educación y el desarrollo de las competencias digitales para el aprendizaje en la educación; la formación en competencias digitales a lo largo de la vida laboral; la formación en competencias digitales de las personas al servicio de las Administraciones públicas; el desarrollo de competencias digitales para pymes; el fomento de especialistas TIC.

Estas medidas son objeto de desarrollo del Plan de Recuperación, Transformación y Resiliencia (GE, 2021). En concreto el Componente 19 de dicho plan, vertebra en cuatro ejes de actuación en cuanto a la formación digital se refiere: formación digital para el conjunto de la ciudadanía, con mayor énfasis en las mujeres y niñas, que asegure el acceso con todas las garantías de la población a los servicios públicos; desarrollo de las competencias digitales para la educación en todos sus niveles; formación en competencias digitales a lo largo de la vida laboral, tanto para personas trabajadoras empleadas como desempleadas y para las pymes y el fomento de los especialistas TIC.

A la par se empiezan a desarrollar una serie de programas más específicos que permitan fomentar los planteamientos propuestos, como son: la Agenda España Digital 2025, el Plan de Digitalización de Pymes, el Plan de Digitalización de las AAPP, el Plan Nacional de Competencias Digitales, el Plan para la Conectividad y de las Infraestructuras Digitales, la Estrategia de Impulso a la Tecnología 5G, la Estrategia Nacional de Inteligencia Artificial, así como el propio Plan Nacional de Competencias Digitales antes señalado. Todo esto configura la hoja de ruta para la aceleración del proceso de digitalización, incluyendo la modificación de los marcos normativos para adaptarlos a la nueva realidad.

2. Mercado de trabajo y digitalización

España es uno de los países con la tasa de desempleo estructural más elevada de la Unión Europea. Este dato aún es más acusado entre los jóvenes, con especial afectación en las mujeres. Si a ello le sumamos las consecuencias aún perceptibles de la crisis de 2008 y la situación provocada por la pandemia, comprobamos a lo largo de estos años un mayor deterioro de los problemas que el mercado laboral venía arrastrando. El bajo porcentaje de ocupación, unido a la excesiva temporalidad de los contratos y la persistente brecha de género, redunda en una elevada desigualdad económica y social. Las reformas objeto del Componente 23 del Plan de Recuperación, Transformación y Resiliencia, pactadas entre el Gobierno y los agentes sociales durante el pasado 2021, pretenden conseguir una reversión de estos datos y un mejor comportamiento de la contratación.

Junto con la evolución del mercado de trabajo, se debe reseñar que España también cuenta con una históricamente escasa inversión en investigación y formación de las personas trabajadoras, situándose muy por debajo de la media de la Unión Europea. De hecho, para extraer todo el potencial del proceso de transformación digital de la economía, se debe combinar la financiación en capital físico con la inversión en conocimiento. La ejecución del Plan en su conjunto es requisito necesario para cumplir con el proceso de transformaciones proyectado, incluyendo la digital, pues ello ha de permitir que se articulen los instrumentos para que los cambios se realicen con la orientación de reducir las desigualdades sociales, económicas y territoriales.

Es por ello que la formación del conjunto de la ciudadanía en competencias digitales básicas se torna imprescindible para insertar con garantías a la sociedad en el proceso de transformación digital de la economía. Según el Índice de Economía y Sociedad Digital (DESI, 2021), España ocupa el noveno puesto entre los miembros de la Unión Europea en desarrollo de la digitalización, con una ratio de mejora importante en el último año. Sin embargo, este mismo informe afirma que el 36 % de la población activa aún no cuenta con las competencias digitales básicas, lo que dificulta la tecnificación de los centros productivos. Igualmente, señala la escasez de especialistas TIC, lo que supone un factor limitante de la productividad de la economía.

En la dimensión productiva, fruto de la transformación digital, se dan tres vectores de cambio clave: la automatización de puestos de trabajo, la digitalización de los procesos productivos y la dinámica algorítmica utilizada en la organización de personas. Esta cuestión genera nuevas realidades en los puestos de trabajo existentes, así como la creación de empleos en sectores y procesos diferentes, para lo cual la recualificación y el perfeccionamiento de las competencias profesionales deben ser objeto de actualización, con la intención de cubrir esta demanda.

A este respecto, la recualificación de las personas trabajadoras ocupadas es imprescindible para adaptar sus competencias hacia empleos de mayor tecnificación y poder así responder a las necesidades de un mercado laboral digitalizado. También lo es para las personas desempleadas como vía facilitadora de acceso a un mercado laboral cambiante, pues la falta de capacitación digital supondrá cada vez más un factor de exclusión social, ya que la empleabilidad dependerá cada vez más de estos aspectos. En todo caso, la recualificación en los centros productivos debe estar recogida en los marcos convenciones, con la creación de planes de acción en las empresas que garanticen un proceso de tecnificación justo, inclusivo y con el menor impacto posible en la pérdida de empleo. A este respecto, el Centro Europeo de Desarrollo de la Formación Profesional (CEDEFOP, 2021) señala que las empresas que informaron a sus trabajadoras y trabajadores acerca de sus planes de digitalización crecieron más a medio plazo.

En cuanto a las competencias para el desempeño laboral en la economía digital, el Fondo Monetario Internacional (FMI, 2022) señala quince habilidades emergentes, más de la mitad de carácter transversal. Las competencias digitales básicas, por tanto, ya no son suficientes y las nuevas generaciones no están preparadas para un desempeño laboral exitoso si sólo cuentan con las habilidades relativas al uso social y de ocio de las tecnologías. El conjunto de la población activa necesita disponer de competencias específicas y permanentemente actualizadas, cuyo abordaje debe hacerse desde el aprendizaje a lo largo de la vida. Las competencias lingüísticas y de resolución de problemas, resultan también imprescindibles para asimilar los nuevos requerimientos técnicos y poder interactuar con las máquinas. Además, en los nuevos entornos de trabajo se han identificado las llamadas «habilidades blandas», entre las que se encuentran la capacidad de adaptación, trabajo en equipo y habilidades sociales, que están cobrando cada vez más importancia en los espacios laborales digitales.

El objetivo de la digitalización requiere actuar desde los centros educativos y en todos los niveles de la formación a lo largo de la vida, pues la educación es uno de los principales mecanismos de adaptabilidad de las personas a los cambios, así como un elemento fundamental para la cohesión de la propia sociedad. Esto exige la modificación del marco normativo, cuestión que también está definida en el mismo Plan de Recuperación, Transformación y Resiliencia.

3. La formación como herramienta vehicular del cambio

Compartiendo el diagnóstico sobre la demanda de nuevas competencias para afrontar las transformaciones en curso, particularmente la digital, es necesario enfocar las acciones a desarrollar activando y mejorando todos los mecanismos de que se dispone para ampliar el acceso a la formación bajo el principio de equidad.

La formación no es sólo uno de los derechos de la ciudadanía y las personas trabajadoras, sino que su papel es fundamental para acompañar parte importante de las políticas públicas y la actividad económica. De hecho está cobrando mayor relevancia en el contexto de transformación del proceso productivo, donde la digitalización, junto con la transición ecológica, son ejes prioritarios de la inversión pública.

El desarrollo de este derecho en nuestro marco normativo viene determinado por el enfoque constitucional, que reconoce la legitimidad a la educación en su artículo 27.1, así como en su artículo 40.2, donde se encomienda al Gobierno el fomento de una política que garantice la formación y la readaptación profesional. El ejercicio de ambas cuestiones está, igualmente, ligado con otras disposiciones constitucionales, como son el derecho al trabajo, a la libre elección de profesión u oficio y a la promoción.

La formación de las personas trabajadoras, por tanto, no es una dimensión económica que pueda reducirse al desarrollo del «capital humano», sino que es fundamentalmente un derecho de las personas. Organismos e instituciones, en distintos ámbitos, apelan a la coordinación de las políticas públicas para orientar las necesarias transformaciones del modelo productivo, garantizando la igualdad de oportunidades. En esta dirección se sitúan los objetivos de la Agenda 2030 de la ONU (2015) y las propuestas de la OIT en su primer centenario (2019), estrategias en cuya elaboración han participado también los agentes sociales y económicos.

Sin embargo, el marco normativo y la arquitectura institucional de los sistemas para la garantía del derecho de formación se han ido haciendo excesivamente complejos. Ello ha dificultado su comprensión, la gestión de los recursos que se dirigen a objetivos compartidos y la evaluación del impacto de las distintas políticas que intervienen en el desarrollo de la formación.

Uno de los principales problemas es precisamente la dificultad de contar con evaluaciones y análisis sistemáticos de las distintas iniciativas, especialmente en lo que atañe a las políticas activas. En el ámbito de la formación para el empleo, particularmente desde la reforma laboral del año 2015, se ha producido un descenso de la cobertura, la extensión de la formación y, probablemente, de la calidad, afectando de forma especial a las personas con menor cualificación, más desprotegidas, vulnerables y en peor situación para acceder y mantener el empleo.

El principal reto en la actualidad es la articulación de la Ley Orgánica de Ordenación e Integración de la Formación Profesional recientemente aprobada, que desarrolla la formación acreditada para la población activa, en coordinación con la reforma prevista de la Ley 30/2015, por la que se regula el sistema de formación profesional para el empleo en el ámbito laboral. Para eso se debe priorizar la ordenación de las formas de acceso de las personas trabajadoras a la formación en función de las distintas necesidades y contextos, dentro y fuera de la empresa, junto al desarrollo de los derechos reconocidos en el ámbito de las políticas activas de empleo, como los servicios de formación, y al desarrollo del marco normativo, en particular lo relativo al derecho a la formación en el trabajo, el contrato formativo y la concreción de los planes de formación en el marco de activación del mecanismo RED para los ERTE.

En este contexto de cambio del modelo productivo basado en la digitalización, dos son los elementos determinantes para mejorar significativamente el acceso a la formación, respondiendo con ello a las necesidades de recualificación y perfeccionamiento. Por una parte, en el ámbito de las políticas activas, el reconocimiento del valor de la intervención pública en la garantía de determinados servicios, especialmente en la prospección, la orientación y su evaluación. Por otra, en lo relativo a la relación salarial, el reconocimiento de la negociación colectiva, en sentido amplio, para desarrollar y extender los derechos recogidos en el artículo 23 del Estatuto de los Trabajadores, entre ellos el permiso de veinte horas anuales para formación. Deben, por tanto, establecerse los términos para el cumplimiento por parte de las empresas de la obligación de ofrecer formación y facilitar los permisos, así como los procedimientos para resolver desacuerdos o conflictos en el ejercicio de este derecho.

En este sentido, se debe dotar de coherencia al conjunto del sistema de formación en todos sus niveles, como son, entre otros, los ciclos de formación profesional, los grados universitarios, los másteres y posgrados, así como la propia formación para el empleo. Para ello, se pueden enumerar algunas medidas objeto de implementación:

- La investigación y prospección sobre evolución de cualificaciones, definición de estándares de competencia y necesidades formativas, coordinando la actuación de los distintos instrumentos técnicos en los ámbitos estatal y autonómico, así como garantizando la participación de las organizaciones sectoriales representativas como verdaderos conocedores de los cambios del tejido productivo.
- El desarrollo de servicios de orientación profesional con recursos compartidos.
- El acuerdo sobre objetivos y programas comunes, de carácter plurianual, para la intervención conjunta, dentro o fuera del marco de las políticas activas de empleo, en determinadas situaciones: personas con baja cualificación, jóvenes en formación dual,

recualificación en sectores en declive, trabajadores en ERTE, acreditación de competencias, formación vinculada a estrategias de inversión pública.

- El avance de la formación dual.
- La adaptación de la red de centros disponibles para la implantación de los programas de formación en relación con sus distintos objetivos, impulsando los centros integrados públicos y de formación de adultos, ampliando a su vez la oferta en los centros del sistema educativo, que cuenten con una mayor especialización sectorial instalada.
- La evaluación de la formación, que debe incluir indicadores sobre la garantía del derecho y la equidad en el acceso, considerando condiciones de empleo, su impacto en el desarrollo personal y laboral en términos de inserción y calidad del empleo en función de las necesidades y los objetivos a los que responde, con la actualización, mejora de la capacitación, así como en la resiliencia del tejido productivo en el contexto de transformaciones en que estamos inmersos.

CAPÍTULO 5
CAPACITACIÓN DIGITAL EN LAS PEQUEÑAS Y MEDIANAS EMPRESAS

Miguel Canales

La formación siempre ha sido importante, seguramente más de lo que se la ha valorado y quizás, no tanto, como en ocasiones se la ha querido elogiar.

Lo cierto es que, hoy, Formación se escribe con mayúscula, por una parte porque estamos en tiempos de muchos cambios y tenemos la necesidad de prepararnos, de formarnos para ser capaces de afrontarlos y, por otra, porque en España estamos en un momento clave del proceso de reforma de nuestro sistema formativo y tenemos, todos los que participamos de algún modo en él, la Responsabilidad, también con mayúscula, de hacerlo bien y de sentar las bases de un sistema formativo que dé respuesta a las necesidades de nuestro sistema productivo, es decir, que forme a los trabajadores que el tejido empresarial precisa, en aquellas funciones que nos son y nos van a ser necesarias.

La gestión del cambio y la era digital
....

Los últimos tres años que hemos vivido, desde que en marzo de 2019 comenzó la pandemia del COVID, a la que recientemente se ha unido la invasión rusa de Ucrania, nos han sumido en un mundo de cambios rápidos e intensos, que nos generan incertidumbres y que nos obligan a reaccionar para poder adaptarnos al nuevo marco que nos toca vivir, en el que el primer aprendizaje necesario es ser capaces de entender y asumir la gestión del cambio, al menos hasta que las circunstancias nos permitan volver a encontrar el equilibrio y la estabilidad de la que hasta hace poco habíamos venido disfrutando.

Con estos cambios tan intensos, nuestro mundo y nuestra forma de enfocar la vida se han acelerado, como ha ocurrido siempre en los momentos en los que la sociedad ha tenido que enfrentarse a situaciones difíciles; y uno de los efectos más relevantes que ha traído la pandemia ha sido una aceleración del proceso de digitalización. Algunos expertos indican que el avance que hemos tenido en digitalización en estos tres últimos años ha sido el equivalente al que habríamos tenido si no hubiera existido la pandemia en cinco o siete años; y este avance ha sentado una base que va a hacer que el desarrollo de la digitalización crezca de manera exponencial en los próximos años, no sólo como una posibilidad que ha servido y sirve para salvar la existencia e incrementar la actividad de muchas pymes, a través, por ejemplo, del comercio *on line*, sino también como una nueva oportunidad, como una nueva forma de enfocar la actividad empresarial, porque, de algún modo, estamos ante un cambio de paradigma, que está transformando nuestro sistema de producción, en esta nueva era digital.

Venimos de un mundo basado en las materias primas, en los procesos industriales, en los procesos de manufactura, en los que algunos países de nuestro entorno, y otros lejanos pero que compiten con nosotros en este mundo global, tienen una ventaja competitiva relevante. Sin embargo, y sin perjuicio de que esos entornos industriales y empresariales vayan a continuar teniendo gran importancia (como la necesidad de las nuevas materias primas que el mundo empieza a necesitar por los avances tecnológicos que se están produciendo), lo cierto es que la llegada de la era digital produce un acercamiento en oportunidades, si somos capaces de aprovechar el momento, porque las nuevas tecnologías (y las *startups* son un buen ejemplo) nos permiten, con inversiones menos intensivas en capital, con costes de inversión altos pero más asequibles, ser más competitivos de lo que lo hemos venido siendo hasta ahora.

Esta aceleración del proceso de digitalización adelanta también el momento en el que se hace preciso que nuestros jóvenes y nuestros trabajadores puedan ir incorporando perfiles profesionales con formación en el ámbito digital (compras y ventas *on line*, páginas web, Big Data, Internet de las Cosas, carreras STEM, etc.), pero sin olvidar otros perfiles profesionales más tradicionales, que tienen también gran relevancia y prestando especial atención a los perfiles de «Formación Profesional» (que complementan a los de formación universitaria), en los que se están creando ya un número muy importante de empleos en nuestro país y que van a ser los más demandados, junto con los perfiles digitales, en los próximos años. Perfiles digitales a los que también habrá de incorporarse la formación profesional (FP), en el marco de la industria 4.0.

La reforma de nuestro sistema de formación. Un cambio necesario

Todo este entorno tan cambiante tiene lugar en nuestro país en un momento que le dota de cierta oportunidad, porque en España, tras la reforma laboral, el Gobierno y los interlocutores sociales empresariales y sindicales, estamos enfocando la reforma de nuestro sistema formativo.

El pasado 1 de abril se publicó en el Boletín Oficial del Estado la Ley Orgánica 3/2022, de ordenación e integración de la Formación Profesional, una ley que ha contado con el apoyo de los interlocutores sociales y que prevé, entre otras cuestiones importantes para nuestro sistema formativo, el desarrollo de la «formación dual», que va a permitir que los alumnos puedan compaginar y complementar su aprendizaje en el sistema formativo con la adquisición de experiencia en las empresas y, sobre todo, una ley que supone un impulso necesario para poner en valor en España la Formación Profesional y el reconocimiento de las cualificaciones profesionales, en especial para aquellos que no han tenido formación reglada, pero sí atesoran una valiosa experiencia profesional obtenida en el desempeño de su actividad profesional durante años.

Además, esta ley orgánica incorpora los «microcréditos», formaciones de duración breve que sirven para iniciar o actualizar el conocimiento en áreas determinadas, como las correspondientes a las cualificaciones digitales, y que están llamadas a cumplir un papel relevante en el marco de las recualificaciones, que están siendo necesarias y lo van a ser de manera cada vez más intensa en los próximos años, para poder adaptarnos a las nuevas necesidades que van surgiendo.

El pasado mes de mayo, se ha puesto también en marcha (aunque ya hacía tiempo que se venía trabajando en ella) la reforma de nuestro sistema universitario, a través de la presentación del Anteproyecto de Ley Orgánica del Sistema Universitario, que es un ámbito en el que las empresas tenemos mucho interés en poder participar de manera activa, en que nuestra opinión pueda ser tenida en cuenta a la hora de diseñar los contenidos de los programas de formación universitaria y de conciliarlos con las necesidades que tienen nuestras empresas, sin olvidar el papel cultural y social que corresponde a nuestra Universidad.

Además de la Ley Orgánica 3/2022, de ordenación e integración de la Formación Profesional, y del Anteproyecto de Ley Orgánica del Sistema Universitario, en el momento de cerrar este capítulo del libro, los interlocutores sociales estamos inmersos en la negociación de la reforma de la Ley 30/2015, por la que se regula el Sistema de Formación Profesional para el Empleo en el ámbito laboral, es decir, la ley que se dirige a regular la formación que el sistema formativo de nuestro país ofrece principalmente a los trabajadores en activo, y que tiene una especial trascendencia en esa búsqueda del equilibrio entre las necesidades formativas de las empresas y los perfiles formativos que ofrece nuestro sistema formativo.

Que seamos capaces de afrontar adecuadamente estas reformas es especialmente importante en el momento actual, en el que los últimos datos, como los que nos aporta el Informe *¿En qué sectores no se encuentran trabajadores?*, elaborado por Randstad y la Confederación Española de la Pequeña y Mediana Empresa (CEPYME), han venido a poner de manifiesto que en el mercado de trabajo español, pese a soportar unas tasas de desempleo elevadas (13 %, es decir, 3,1 millones de personas en el caso de la población general y 29,6 % en el caso de los jóvenes), hay más de cien mil puestos de trabajo que no pueden ser cubiertos (en sectores como la agricultura, la industria, la construcción y los servicios). Y eso a pesar que existe demanda para ellos por parte de las empresas, pues un 56 % de éstas tienen dificultades en nuestro país para encontrar los perfiles profesionales, tanto de alta como de baja cualificación, que le son necesarios, y un 70 % de esos puestos, para los que no se encuentran perfiles profesionales, se concentran en el ámbito de las pymes, en concreto en aquellas que tienen menos de doscientos trabajadores, lo que incide lógicamente en una ralentización de la recuperación económica y de la productividad (ya que la falta de personal impide a las compañías desarrollarse e innovar).

Este contexto supone un freno a la inversión y a la recepción de fondos europeos, que puede llegar a poner en riesgo a una buena parte de nuestro tejido productivo, sobre todo en las zonas despobladas, donde localizar esta mano de obra resulta aún más difícil.

Con todo, lo que queremos los representantes empresariales es lograr tener un sistema formativo sólido y maduro, diseñado para estar en vigor durante un periodo de tiempo suficiente, de modo que aporte seguridad, certeza y resultados eficaces a sus intervinientes, que se concretan en ser capaces de proporcionar los perfiles profesionales que estamos demandando hoy las empresas y que vamos a demandar en el futuro, que van a tener una relación muy cercana con la digitalización y el sector TIC, que emplea ya en España a cerca de seiscientas mil personas y tiene un paro mínimo, pero en el que existe ya una brecha importante entre oferta y demanda, por lo que será necesario formar en este ámbito si queremos ser más productivos.

En todo este proceso de reforma tenemos puesta nuestra ilusión profesional y personal quienes nos dedicamos a la formación y a la representación de las empresas como interlocutores sociales. Porque creemos en la importancia de la Formación, somos conscientes de la transcendencia del momento que estamos viviendo, de la importancia que tiene acertar, de la responsabilidad que supone colaborar con el Gobierno y de que éste sea receptivo en el diseño de un sistema de formación para nuestras empresas, para nuestros trabajadores, para nuestra sociedad y, en suma, para nuestro país, que nos permita tener trabajadores preparados para los retos inmediatos que tenemos que afrontar y para estar en condiciones de poder tomar el camino del futuro, siendo suficientemente competitivos, porque ante nosotros tenemos una oportunidad, no buscada, pero que no podemos desaprovechar.

CAPÍTULO 6
HORA DE CONVERTIR LA INVERSIÓN EN CONOCIMIENTO

José Varela

Ya nadie duda de que la digitalización es y será un vector de crecimiento y competitividad para cualquier país, empresa, sector o actividad económica. Pero este consenso, tan unánime y establecido, nos está llevando a una suerte de relajamiento, que entraña el incipiente peligro de caer en el más puro conformismo.

Sin duda, el riego milmillonario en forma de ayudas públicas europeas ha contribuido a este fenómeno, hasta el punto de que la digitalización de nuestro tejido productivo centra el grueso de la inversión (uno de cada tres euros se dedica, exclusivamente, a tal menester).

Con el fin de acompañar este proceso con una perspectiva educacional y formativa, el Gobierno de España ha reservado la nada despreciable cantidad de 3.600 millones de euros al denominado *Plan de Competencias Digitales*, dándole un valor nunca visto hasta ahora a la formación en tecnologías digitales. La mera lectura de los ejes incluidos en el citado plan (*competencias digitales transversales, transformación digital de la educación, competencias digitales para el empleo y profesionales digitales*), más otras medidas concomitantes, como el *Plan estratégico de impulso a la formación profesional*, el de *Modernización y digitalización del sistema educativo*, los epígrafes reservados a tal fin en el *Plan de Digitalización de PYMES* (medidas 5 y 6 del Eje 2) o la mención —aún sin desarrollar— de un *Programa de capacitación digital de las Administraciones Públicas*, construyen en su conjunto un potentísimo mensaje a todos los actores económicos, sociales y laborales: la formación en competencias digitales es prioritaria y hay presupuesto para afrontarla.

Sin embargo, tal consenso apenas supera la teoría. Continuamos centrándonos en cómo obtener las ayudas, sin detenernos a cifrar el reto que tenemos por delante, cómo ponerlo en práctica y sobre los medios disponibles para aprovechar esta ingente inversión. Seguimos, por tanto, conjugando el verbo digitalizar como un fin en sí mismo, en vez de como un medio *para*. Un error que deberíamos cortar de raíz, ahora que aún tenemos margen de maniobra.

Para aprovechar esta inversión sin precedentes, deberíamos hacer un buen diagnóstico. Es imposible solventar una deficiencia si no conoces su alcance. Y ya que estamos en la era de los datos, usémoslos para tal fin.

El Instituto Nacional de Estadística nos indica que, en 2021, un 65 % de las personas con empleo no realizaba cursos *online*. Hablamos de más de 13 millones de trabajadores/as. Mal síntoma, pero no es el único. Tres millones y medio de ocupados no sabe hacer una videollamada. Todavía 2,24 millones de empleados no sabe usar el correo electrónico. Un año antes, el organismo demoscópico conformó que más de la mitad de los trabajadores con empleo sabía lo que es *la nube*. Es indudable que el reto que tenemos por delante es colosal.

Partiendo de estos datos, parecen lógicas las previsiones del Foro Económico Mundial realizadas hace escasos dos años, cuando afirmaban que la mitad de las personas con empleo en la actualidad necesitarán más de medio año para alcanzar el grado de competencia digital que requieren los empleadores. Pero como los porcentajes en realidad nos dicen poco, cifrémoslo: 9,7 millones de personas trabajadoras necesitarán medio año de formación para ponerse al día en habilidades digitales. A continuación, se expone una tabla que traduce a números las necesidades de formación cuantificadas por el Foro Económico Mundial y en función de la EPA del 4T2021:

Necesidades promedio de reciclaje. Proporción
y volumen de la fuerza laboral, WEF e INE

Menos de un mes	De 1 a 3 meses	De 3 a 6 meses	De 6 a 12 meses	Más de un año
21,20 %	15,40 %	15,40 %	16,80 %	31,20 %
4.279.199	3.108.475	3.108.475	3.391.063	6.297.689

El impacto de estas cifras es tan abrumador que se hace hasta difícil de concebir. ¿Se imaginan el reto organizativo que supone enviar a 6,3 millones de personas trabajadoras a formarse durante más de un año? ¿Cuánto tiempo tardaríamos en conseguir que las competencias de nuestra fuerza de trabajo estén actualizadas, teniendo en cuenta las infraestructuras —y estructuras— educativas que poseemos en la actualidad? ¿Llegaremos realmente a ponernos alguna vez al día si, como aseguran estudios del Boston Consulting Group, las habilidades técnicas se quedan obsoletas en un plazo tan breve como cinco años?

Es necesario resaltar que las conclusiones del Foro Económico Mundial se ciñen a las personas con empleo. Pero en una economía como la nuestra, con unas tasas de desempleo siempre superiores a los dos dígitos, se hace preciso extender el análisis a los más de tres millones de personas que engrosan las listas del paro. Como cabía esperar, la capacitación digital de nuestros parados es francamente deficitaria.

En la tabla que se muestra a continuación se compara el acceso y uso de diversos servicios digitales. En ningún caso las personas en desempleo presentan desempeños análogos a las personas con empleo; si acaso, se observan grandes diferencias:

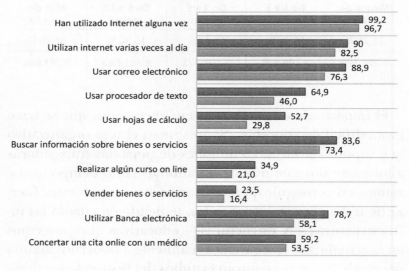

COMPARATIVA BRECHA DIGITAL ENTRE
OCUPADOS Y DESEMPLEADOS, INE 2021

Por si la gráfica anterior no fuese suficientemente elocuente, resumamos el contexto que rodea al desempleo español: 6 de cada 10 desempleados no usa la tecnología para buscar empleo; el 47 % de los parados no interactúan con las Administraciones Públicas usando Internet por falta de habilidades o conocimientos, teniendo la necesidad de presentar documentos en el último año. El 42 % de los parados no saben descargar o instalar una app.

Con estos mimbres, no es de extrañar que la OCDE afirmase en 2019 que España es el país europeo con mayor desajuste de habilidades digitales en el trabajo.

Una de las principales consecuencias de este sombrío desajuste afecta a la percepción que tiene nuestra fuerza de trabajo ante el fenómeno global de la transformación digital y, más en particular, a la automatización de procesos laborales. Así, las sucesivas encuestas que difunde la Fundación COTEC sobre la percepción de la innovación entre nuestra ciudadanía, presenta datos preocupantes: desde 2017, la mitad de la población española opina que la innovación tecnológica aumenta la desigualdad social, un porcentaje que se ha aupado hasta el 56,2 % en 2021. Pero la percepción es aún peor cuando se inquiere sobre el impacto de la digitalización en el mercado de trabajo: un 66 % considera que nuestra sociedad no está preparada para su impacto y hasta un astronómico 70 % cree que «la mayoría» de los actuales puestos de trabajo serán sustituidos por máquinas (robots o software) en un límite temporal de quince años (curiosamente, el 52 % de los preguntados consideraba que «su puesto de trabajo de ninguna manera» podría ser reemplazable por una máquina). Finalmente, hasta un 38 % de la población activa no se considera capacitada para competir en un mercado laboral automatizado y digitalizado. Estas conclusiones, que aparecenen el imaginario colectivo de la subjetividad, confirman, punto por punto, los datos antedichos del INE, el Foro Económico Mundial o la OCDE, en cuanto al retraso español en competencias digitales, y confirman que nuestra ciudadanía asiste con muchas reticencias, por no decir con temor, a este proceso de digitalización del trabajo.

Más allá de la cuestión descriptiva, también es preciso preguntarse cuál es el coste económico de esta carencia. Y de ello se encargó recientemente la consultora PwC, en colaboración —de nuevo— con el Foro Económico Mundial. Las cifras hablan por sí mismas: **España aumentaría casi un 7 % su PIB** y generaría 220.000 empleos más en 2030 **si mejorase la citada falta de capacidades digitales** que sufre nuestro mercado laboral. En términos absolutos, el *upskilling* digital de la fuerza laboral, incrementaría el PIB de España en unos 132.000 millones de dólares (108.615 millones de euros). Además, los nuevos puestos de trabajo generados supondrían un incremento del empleo del 1,2 % y la productividad aumentaría un 9,5 %. Es más: el estudio señala que España sería el país de la UE y el cuarto de la OCDE más favorecido en términos de crecimiento económico y de empleo. No sólo estamos perdiendo competitividad en el presente, estamos desperdiciando oportunidades de futuro.

La pregunta es inevitable: ¿qué están haciendo las Administraciones Públicas y las empresas para revertir esta calamidad? Según los datos disponibles, muy muy poco.

Por un lado, el papel tractor y ejemplar de las Administraciones Públicas no se está cumpliendo. En la parte tractora, la inversión especificada en los diferentes planes emanados de los fondos europeos *Next Generation* está tardando en sustanciarse, sea porque tales planes ni siquiera están ya desarrollados, sea por la tardanza en ponerse en práctica, envueltos en multitudinarias quejas de exceso de burocracia. Sin olvidar los miles de millones de presupuesto en formación para el empleo que siguen inmovilizados desde 2015. En la parte ejemplar, las diferentes Administraciones Públicas son precisamente un modelo de cómo no se debe afrontar un proceso de digitalización. Esto es sólo una muestra de los hallazgos encontrados por una reciente investigación realizada por UGT:

- Un 35 % de las administraciones autonómicas no tienen un plan de digitalización real y en funcionamiento.
- En 2020 se dedicó menos del 2 % de los presupuestos del total de las Comunidades Autónomas a las TIC, lo que representa un 47 % menos en comparación con 2019.
- Menos del 0,5 % del personal público de las Comunidades Autónomas se dedica a las tecnologías de la información.
- Sólo 85.000 empleados públicos de Comunidades Autónomas fueron formados en esta materia en el último año, un paupérrimo 6 % del total.
- En 2020, sólo una de cada tres administraciones locales afirma tener un plan de transformación digital.
- La inversión en TIC en dichas administraciones locales es casi anecdótica: un 2 % del total presupuestado para dichas corporaciones locales.
- Gestiones tan habituales como un cambio en el empadronamiento no es posible realizarlo *online* en la mitad de las entidades locales. Sólo el 65 % de las facilidades ofrecidas por municipios o diputaciones se pueden realizar enteramente *online*.
- Más de la mitad de las entidades locales manifiesta que no tiene planes de formación digital para sus empleados públicos.

Finalmente, para la Administración General del Estado poco podemos añadir: desde 2018 no vuelca datos oficiales sobre su grado de digitalización.

Por el lado empresarial, las noticias no son mejores: la inversión empresarial en TIC cayó estrepitosamente en 2021 (600 millones de euros menos; -15 % interanual), retrocediendo a cifras de 2017. El número de empresas que contratan a profesionales expertos en TIC disminuyó un 2%, hasta alcanzar el nivel más bajo desde 2007. La formación en TIC también desciende un 2 %, con los peores registros desde 2013. Trece millones de personas trabajadoras no han recibido formación en nuevas tecnologías en todo un año.

El porcentaje del negocio *online* que se queda en España continúa descendiendo hasta alcanzar otro mínimo histórico: 8 de cada 10 euros que se gastan en España se va fuera de nuestras fronteras. El déficit en saldo neto exterior alcanzó los 23.151 millones en 2020 y es posible que supere los 28.000 millones de euros en 2021. Nos encontramos ante un desequilibrio de severas consecuencias económicas, sociales y laborales. Si la abrumadora mayoría del flujo dinerario que se genera en nuestro país acaba en las arcas extranjeras, en nuestro país ni se creará empleo, ni habrá riqueza, ni podremos sostener nuestro estado del bienestar.

Como consecuencia de todas estas fallas, nuestra competitividad internacional es muy baja: el 85 % de las empresas españolas presentan un bajo o muy bajo desempeño digital. En ningún indicador europeo estamos entre los cuatro primeros países. Es imposible encontrar en toda Europa una economía que, a pesar de su tamaño, potencia y capacidad, tenga un peor desempeño digital.

El panorama es profundamente desolador, pero si queremos ser optimistas, es evidente que nuestro margen de mejora es muy amplio. Pero sólo podremos alcanzar tal mejora si comenzamos a actuar. Si pasamos de las palabras a los hechos, de las musas al teatro.

En definitiva: la formación en nuevas tecnologías debe pasar de los papeles y los discursos a las aulas. Urge colocar en lo más arriba del Plan deRecuperación, Transformación y Resiliencia, un proyecto robusto de recualificación y adquisición de competencias, que alcance a toda nuestra fuerza de trabajo; tanto la activa como la desempleada, tanto asalariados como autónomos, tanto a personas trabajadoras como empresarios, empleados públicos y directivos de cualquier índole. No es algo que se pueda hacer de la noche a la mañana, ni se improvisa sobre la marcha, ni se impone sin más. Requiere planificación, esfuerzo y concienciación. Y no hacerlo, de forma inmediata y rauda, nos lleva directos a un fracaso sin paliativos que pagaremos con décadas de retraso y penuria.

CAPÍTULO 7
DAR CON EL BOTÓN DE LA RECUALIFICACIÓN EFECTIVA

Celia Ferrero Romero

Antes de la crisis sanitaria global, la revolución digital ya estaba impactando en nuestras sociedades en todos sus ámbitos, pero lo hacía de forma muy asimétrica y a ritmos muy dispares.

Su impacto era correlativo, por un lado, al grado de digitalización de las sociedades en las que se desarrollaban, pero también y especialmente, al nivel de resistencia al cambio. Esa resistencia es evidente en nuestro país, en la falta de innovación y avances significativos en las estructuras educativas y formativas, en la capacidad de transformación de nuestro modelo productivo y en los marcos normativos y laborales «clásicos». Y lo es, aún más, en las instituciones y los agentes que inciden en ellos y que se niegan a la evidencia o mantienen a la misma en un mero discurso, para no afrontar la acción que requiere impulsar la transformación. Por no hablar de su propia formación.

La evidencia es que la digitalización estaba ya hace años redefiniendo nuestra sociedad y nuestra economía por la vía de los hechos y posibilitando la aparición de nuevos modelos de negocio y nuevas formas de trabajo, respondiendo así a estructuras organizativas tecnológicamente mediatizadas, que implicaban relaciones entre múltiples agentes económicos y/o sociales, como es el caso de las plataformas digitales.

Algo que sin duda requería nuevas habilidades y capacidades de la población para poder asumir dichos cambios.

Sólo la pandemia y la reciente crisis energética parece habernos despertado del inmovilismo en el que los decisores se habían asentado. La pregunta ahora es si aún estamos a tiempo. Mi respuesta es que con las soluciones y recetas de siempre, no.

España acarrea años de retraso respecto a las economías más avanzadas en puntos clave para que la transformación necesaria de nuestra sociedad y de la economía, no sea traumática. Sin duda, uno de esos puntos es la educación y la formación de nuestra población.

Y, si bien las reformas estructurales son necesarias en este ámbito para dicha transformación, y que sin duda hay que llevarlas a cabo para corregir las graves deficiencias existentes, lo cierto es que sus resultados efectivos tardan muchos años, en concreto en el sistema educativo, lo equivalente a una generación.

Con más de tres millones de parados, un mercado laboral en el que el paro estructural y de larga duración crece mientras existen millones de vacantes sin cubrir y donde las encuestas indican que, en España, al menos 2 de cada 10 personas trabajadoras no tienen las competencias necesarias para desempeñar adecuadamente su labor, que 3 de cada 10 empresarios tienen un nivel de estudios bajo y que 2 de cada 10 empleadores no pueden encontrar los perfiles adecuados para sus vacantes, una proporción que casi se ha triplicado en los últimos años, más nos vale ser prácticos y apostar por un modelo de recualificación de la fuerza trabajadora asumible, rápido y efectivo.

Para ello, es necesario un cambio radical del modelo actual y cultural en cuanto a quién, cómo, dónde, cuándo y en qué formar.

En primer lugar, hay que formar a la fuerza de trabajo y no sólo a los trabajadores. Esto supone reasignar recursos y esfuerzos entre trabajadores, desempleados, emprendedores, autónomos y empresarios. De nada sirve cualificar a los empleados o desempleados sin que aquellos que puedan emplearlos o los empleen, estén cualificados para ello. Por otro lado, es necesario que se enfoque el emprendimiento hacia sectores emergentes y en el desarrollo de habilidades de gestión necesarias para ello.

En segundo lugar, de nuevo la tecnología nos da la respuesta. Debe haber una apuesta por la recualificación individualizada y la actualización de conocimientos permanente y de corta duración. Hoy en día podrían desarrollarse plataformas que, basándose en modelos predictivos de itinerarios formativos efectivos existentes, y en función de la experiencia, habilidades, formación y cualificación previas en actividades concretas debidamente certificadas, ofreciesen itinerarios y contenidos personalizados de actualización de la formación y capacitación de las personas, sin necesidad de volver a aprender cosas que ya se conocen y enfocados hacia los sectores emergentes o de interés del individuo. Un máster en marketing digital de hace dos años posiblemente ya esté totalmente desactualizado. Un transportista de carburantes podría sin duda reciclar su formación hacia la manipulación y transporte de hidrógeno. Un instalador eléctrico podría instalar placas solares o el mecánico orientarse hacia los coches eléctricos, y así un largo etcétera.

En el fondo, consistiría en la digitalización de un proceso de actualización de conocimientos que ya existe en algunas profesiones, como es el caso de los abogados, cuando se les remiten las actualizaciones del derecho y la normativa en que están especializados o han requerido, pero sin voluminosos tomos.

Dichas plataformas deberían, además, dar acceso a los mejores contenidos y cursos, dentro y fuera de nuestras fronteras, a través de un procedimiento ágil de certificación de estos, mediante la creación de una estandarización internacional de la oferta formativa y la opción de acceder sólo a aquello que realmente sea de nuestro interés, ya sea por el contenido, o por la institución que lo imparta o lo oferte, sin importar las fronteras.

La herramienta nos sugeriría y actualizaría de forma individualizada los cursos y recursos existentes, en función tanto de nuestros intereses como de las oportunidades en las ramas de actividad que se adecúen a nuestra formación y capacidades, pero también en función del tiempo disponible para ello. Además, ofrecería una carpeta digital con todas las certificaciones y los títulos, de forma que podrían enlazarse a la hora de optar por un puesto de trabajo, así como toda la información necesaria a la hora de un *background check* curricular.

Los ofertantes de formación, ya sean públicos o privados, aumentarían además su alcance en cuanto a los usuarios ante una oferta, a día de hoy, atomizada y poco controlada en cuanto a su calidad y su capacidad de ejecución, donde se solapan contenidos y materias no siempre útiles. Se ampliaría por tanto la oferta en número y en eficacia, evitando también el lucro que muchas veces se produce debido al intrusismo de no profesionales en el sector.

En tercer lugar, y en relación con el dónde, es evidente que el acceso podría realizarse desde cualquier dispositivo. Ello no impediría la existencia de cursos semipresenciales o presenciales, que siempre nos serían sugeridos en función de nuestra disponibilidad, geolocalización y necesidades, pero sobre todo de las necesidades cambiantes del mercado y de los territorios de forma específica, pudiendo así contribuir al desarrollo rural de zonas en riesgo de despoblación, así como al fomento de la movilidad geográfica en función de la especialización económica de los territorios.

Los itinerarios podrían combinar desde módulos en centros de formación profesional, formaciones dentro de nuestra propia empresa, en centros e instituciones formativos de toda naturaleza, universidades, etc. De esta forma, se promovería una mayor movilidad y transiciones en los itinerarios de formación sin que ésta sea lineal como en la actualidad, promoviendo por ejemplo la vuelta a la universidad de personas trabajadoras o desempleadas, o un mejor desarrollo y desestigmatización de la formación profesional.

Cada usuario, ya sean oferentes o demandantes de formación y/o capacitación, podría individualizar o colectivizar sus acciones en función de su perfil de usuario. Como si fuera un Linkedin público o privado de formación, capacitación, actualización y reciclaje.

En cuanto al cuándo, desde mi perspectiva, la formación y capacitación, y especialmente su actualización, deben ser permanentes, pero no pueden hacernos perder el tiempo y deben adaptarse a cada etapa vital del usuario en función de su perfil, posibilidades y necesidades, y sobre todo teniendo en cuenta las necesidades del tejido productivo en cada momento y casi en tiempo real.

Por otro lado, en cuanto a en qué formar, hayque ser realistas y buscar el reciclaje en función de las capacidades reales del individuo. Existe una sobreexposición del ciudadano al discurso de la digitalización, y prácticamente se le da a entender que debe ser desarrollador o programador para encontrar o conservar su trabajo o empresa.

La tecnología, en la mayoría de los casos, no es un fin en sí misma, sino un medio, y lo que hay que buscar es capacitar a las personas para adaptarse y manejar ese medio sin necesidad de formarse sobre la tecnología o los procesos que la sustentan.

Es por ello que debemos concentrarnos en el uso de la misma y no en su diseño a la hora de formar y capacitar en digitalización.

Hablar de *blockchain*, big data, *machine learning*, etc. a quienes no van a intervenir en la creación ni en el desarrollo de las herramientas, es como si a los de la generación de los 80 nos hubieran dicho que debíamos aprender MS-DOS para poder manejar Windows.

No hay que crear miedo a la digitalización de forma artificial, hay que hacer herramientas intuitivas y de «botón gordo».

Los *smartphone* son un excelente ejemplo de ello, y deberían explotarse mucho más en el proceso de digitalización necesario de nuestra sociedad, no sólo por su permeabilidad en la sociedad (cerca del 98 % de los españoles los tiene), sino por la facilidad en su uso y utilidades varias que justifican que hoy en día no nos acordemos de cómo y cuándo empezamos a usarlos.

Son dispositivos que hoy en día contienen una ingente cantidad de datos sobre uno mismo, constantes vitales, actividad física, preferencias, trabajo, sueño, etc. También podría ser nuestro aliado en cuanto a la salud de nuestra carrera profesional y de las necesidades formativas y de capacitación, en consonancia con nuestro entorno y las oportunidades existentes.

En los últimos años, desde ATA hemos observado cómo miles de autónomos que se inscribían a cursos sobre digitalización callaban sin comentario alguno hasta que, a la salida, buscaban al formador para preguntarle con vergüenza: «¿Pero a qué tecla tengo que darle?».

Es otro de los aspectos que sin duda hay que tomar en consideración, formar y acompañar en el uso de la herramienta, en definitiva, mentorizar desde la confianza mutua, de forma individualizada y mediante la práctica conjunta la tecnología.

De la misma forma, hay cada vez más gente que se rinde ante el mensaje de que es lo que sabe hacer o si su trabajo van a desaparecer, y piensan equivocadamente que el mercado espera que se conviertan en ingenieros informáticos o medioambientales. Hay que combatir esta percepción y trasladar que también en la era de la digitalización y la sostenibilidad existe trabajo para ellos, especialmente para los menos cualificados. Para ello, hoy se deberían crear y promover sectores refugio en la *Gig Economy*, como las fábricas de *taggers*, la logística y el reparto asociado a plataformas digitales, la venta *online* de cestas de productos artesanales o agrícolas, etc.

En definitiva, y como conclusión, sólo si ponemos al individuo en el centro, y adaptamos la formación y cualificación a las características propias del mismo y a su servicio mediante las herramientas que hoy nos brindan las nuevas tecnologías y los desarrollos de forma accesible, podremos dar con el botón de la recualificación efectiva para que «nadie se quede atrás» y, sobre todo, para que España no se quede atrás en esta carrera a contrarreloj en la que sólo ganaremos si vamos todos juntos.

CAPÍTULO 8
FORMACIÓN Y APRENDIZAJE PERMANENTE
César García Arnal

Para entender el papel de la formación y la capacitación como facilitadores de la empleabilidad, debemos entender primero el concepto de «formación para la empleabilidad».

Así, según la OIT, se refiere al «conjunto de competencias y cualificaciones transferibles que refuerzan las capacidades y la aptitud de las personas para encontrar, crear, conservar, enriquecer un trabajo y pasar de uno a otro obteniendo a cambio una satisfacción personal, económica, social y profesional».

A mi entender, el concepto de formación para la empleabilidad no es otra cosa que la prolongación de otro concepto, mucho más antiguo, mucho más usado y lamentablemente no del todo conseguido, como es el de aprendizaje permanente o formación continua.

Ya en 1994 la propia OIT, en su recomendación 195 sobre el desarrollo de los recursos humanos, incorpora el aprendizaje permanente a los desafíos del desarrollo de los recursos humanos y reconoce a la educación y la formación como un derecho para todos los seres humanos: «La consecución del aprendizaje permanente debería basarse en un compromiso explícito por parte de los gobiernos, de invertir y crear las condiciones necesarias para mejorar la educación y la formación en todos los niveles; por parte de las empresas, de formar a sus trabajadores y, por parte de las personas, de desarrollar sus competencias y trayectorias profesionales» (art. 4 b.)

Por lo tanto, debemos entender que hay tres actores imprescindibles en la consecución del objetivo: el Gobierno, la empresa y el propio trabajador. Pero existen otros actores que también influyen y que debemos tener en cuenta, como son la economía, el mercado de trabajo y, en línea con todos ellos, la digitalización.

La adquisición de competencias en digitalización es fundamental en el ámbito del mercado de trabajo. Durante mucho tiempo hemos valorado mucho más la formación universitaria que la posesión de las competencias necesarias para el desarrollo de la actividad concreta. La propia Administración Pública sigue cayendo en el error de pedir titulación universitaria para poder acceder a ciertas convocatorias sin tener en cuenta la experiencia o las competencias que el trabajador en cuestión pueda tener.

Así, podemos encontrar que un biólogo marino, con titulación universitaria, podría ejercer como asesor de emprendedores para la Administración, mientras que una persona con treinta años de experiencia y con competencias adquiridas en materia de cotización, tributación, recursos humanos, fiscalidad y contabilidad y elaboración de planes de empresa no podría hacerlo por no tener una titulación universitaria. En muchas ocasiones, ni siquiera los certificados de profesionalidad son aceptados como demostradores de la valía para el desarrollo de ese puesto de trabajo en la Administración.

Otro hándicap que nos encontramos en este sentido es la falta de comunicación interministerial. La formación reglada y universitaria y la formación para el empleo no van de la mano. Así, hasta la fecha, un título universitario tiene mucha más validez que todas las *skill tools* que un trabajador pueda utilizar. Aunque en la realidad, y tal y como la nueva economía se presenta, las habilidades digitales son una clave fundamental para el acceso, la permanencia o la elección en el mercado de trabajo.

Las empresas no son asiduas consumidoras de formación para sus propios trabajadores, quizá debido, en primer lugar, a la pequeña dimensión del tejido empresarial de nuestro país, ya que más del 90 % de las empresas de nuestro tejido empresarial tienen entre 0 y 9 trabajadores y, en segundo lugar, a la falta de apoyo a estas microempresas por parte de las Administraciones Públicas, ya que el modelo de formación bonificada no es apto para los trabajadores autónomos sin asalariados y no es atractivo para las empresas más pequeñas.

En cuanto a los trabajadores autónomos todavía se complica más, ya que la mayor parte de la formación y las competencias que adquieren lo hacen de forma privada, asumiendo el coste de la formación personalmente. Por una parte porque no hay oferta formativa gratuita adaptada a los horarios de los trabajadores por cuenta propia y, por otra, porque, en el caso de estar ocupado, tienen que realizar esta formación en horario extralaboral.

He mencionado al inicio de este capítulo el concepto de nueva economía, del que ya comenzamos a hablar hace más de veinte años y que tiene que ver con la aplicación de las nuevas tecnologías al mercado y al desarrollo de las actividades. Por aquel tiempo, asimilábamos la nueva economía a la rapidez en la reacción de la atención a los clientes. Decíamos que una respuesta rápida a una demanda podía ser crucial en la consecución de un encargo, que cada vez más los «tiempos» de resolución de demandas se acortaban y que herramientas como el correo electrónico y el acceso a la información, eran decisivas para el crecimiento de una empresa y, por ende, de su volumen.

Pues bien, veinte años más tarde todavía hay un 60 % de los trabajadores por cuenta propia que no están digitalizados, que no tienen habilidades tecnológicas y que no tienen posibilidad de capacitarse.

Y, sin embargo, la mayoría de las actividades económicas denominadas tradicionales necesitan de las nuevas tecnologías para su mantenimiento y sobre todo para su reciclaje. Cualquier profesión depende en la actualidad no solamente de programas de gestión (como puedan ser los de facturación, gestión de almacén, control de ingresos y de gastos, programas contables, de venta *online*, etc.), sino que tienen, además, una gran dependencia de las TIC.

Durante la pasada pandemia, muchos de ellos se dieron cuenta de que las TIC podrían salvarles de una quiebra segura y, así, comenzaron a utilizar herramientas, tan básicas y tan al alcance de todos como las redes sociales o la mensajería por WhatsApp.

Pero todos estos programas de gestión, así como las propias redes sociales, requieren unas competencias digitales que en estos momentos no tienen la mayoría de los trabajadores ni la mayoría de los autónomos y que son fundamentales para su uso y rendimiento, competencias que, como ya he comentado antes, no están al alcance de determinados colectivos, entre otros el de los trabajadores por cuenta propia.

Pero lo más grave es que ni siquiera las Administraciones Públicas han sabido entender las necesidades tecnológicas de estas pequeñas empresas, apostando por convocatorias de ayudas alejadas de la realidad y alejadas de las necesidades específicas de las unidades económicas de menor tamaño.

No sabemos en qué momento la Administración decidió que todas las empresas de este país ya estaban informatizadas, adoptando medidas como la supresión de cursos básicos de informática en la formación continua, o la supresión de proyectos de acceso y penetración de las pequeñas empresas en el mundo digital.

Por el contrario, se empezaron a potenciar formaciones dirigidas al manejo de programas complejos, cuyo uso solamente está extendido en determinados sectores de actividad y en empresas con suficiente dimensión económica, comercial y laboral.

Del mismo modo, los proyectos de informatización giraron en torno al comercio electrónico y las páginas de venta *online*, y en tornoa las centrales de compras y de reservas, en el caso del turismo rural, y se invirtieron ingentes cantidades de dinero en microproyectos que jamás llegaron a ser útiles, ni a los pequeños empresarios ni a la ciudadanía o a los consumidores.

Pero lo más doloroso es que vamos camino de cometer los mismos errores, a no ser que pongamos remedio temprano, y las prisas por tener que cumplir ciertas condiciones para poder acceder a más fondos europeos no son buenas consejeras en esta materia.

El Kit Digital anunciado por el Gobierno para los próximos meses, contempla una serie de opciones para las cuales los autónomos podrán obtener ayudas en su implantación. ¿Pero de qué servirán si no tenemos los conocimientos básicos para su uso? Éstas son algunas de las opciones propuestas:

- Presencia en Internet y sitio web: creación de una página web y prestación de servicios para darle visibilidad en los principales sitios de Internet.

- Comercio electrónico: creación de una tienda *online* que utilice medios digitales para su intercambio.
- Gestión de redes sociales: promocionar el negocio en redes sociales.
- Gestión de clientes y proveedores: digitalizar y optimizar la gestión de las relaciones comerciales con los clientes.
- *Business Intelligence* y analítica: explotación de datos del negocio para la mejora del proceso de toma de decisiones.
- Servicios y herramientas de oficina virtual: implantar soluciones interactivas y funcionales que permitan la colaboración más eficiente entre los trabajadores del negocio.
- Gestión de procesos: digitalizar y automatizar procesos de negocio relacionados con los aspectos operativos o productivos.
- Factura electrónica: digitalizar el flujo de emisión de facturas entre el autónomo y sus clientes.
- Comunicaciones seguras: proporcionar seguridad en las conexiones entre los dispositivos de sus empleados y la empresa.
- Ciberseguridad: proporcionar seguridad básica y avanzada para los dispositivos de sus empleados.

Para poder aprovechar cualquiera de las opciones mencionadas anteriormente, es necesario que el propio autónomo, o bien el personal cualificado, pueda obtener el rendimiento deseado a estas herramientas; de lo contrario vuelve a ser una inversión sin rentabilidad a medio y largo plazo.

Una web no puede ser estática, debe ser retroalimentada convenientemente para que sea atractiva al consumidor o al cliente. Las redes sociales deben reflejar la visión y la misión de la empresa a través de mensajes y vídeos que resulten interesantes para el que los visiona, y de esa forma se generen seguidores en las cuentas.

Los negocios que habiliten páginas de comercio *online* deben tener en cuenta el coste del transporte, el *stock*, la gestión y logística de los pedidos, la rapidez en el servicio y sobre todo el precio final para el consumidor, así como un buen conocimiento de la fiscalidad de las compras y las ventas, puesto que hablamos de empresas que tributan en España.

La puesta en marcha de oficinas virtuales tiene que contar con la complicidad de los usuarios, y lamentablemente hay usuarios en franjas de edad que no están dispuestos o habilitados a cambiar sus hábitos de compra, bien de productos, bien de servicios.

Y el análisis de datos es más propio de grandes empresas que de autónomos y microempresas, quienes, generalmente, deben tomar decisiones intuitivas y en tiempo récord para no salir del mercado en su desigual lucha frente a las grandes empresas y multinacionales.

Echamos en falta, en estas líneas de ayudas, aquellas destinadas a la contratación de personal cualificado que pueda sacar todo el provecho a todas estas herramientas y, por supuesto, echamos en falta la formación adecuada para el uso y el aprovechamiento de estas herramientas por parte de los autónomos.

¿Por qué creemos tan necesaria una línea de ayudas a la contratación de personal cualificado en nuevas tecnologías? En primer lugar, porque la dimensión de nuestro tejido empresarial no nos permite invertir tiempo ni dinero en la implantación de estas herramientas. En segundo lugar, porque no tenemos las habilidades ni las capacidades para exprimirlas y sacarles el rendimiento adecuado. Y, en tercer lugar, porque sería un gran nicho de ocupación, bien laboral o mercantil, que demostraría, sin duda alguna, que la formación en competencias digitales es una gran facilitadora, no sólo de la empleabilidad, sino también del crecimiento de nuestras unidades económicas.

Por todo ello, apostamos por un acceso a la cualificación y obtención de competencias en todos los ámbitos, sobre todo en el digital, que permita a nuestro tejido empresarial crecer y ofertar posibilidades de empleo; que permita a nuestras pequeñas unidades económicas luchar en igualdad de condiciones frente a las grandes empresas y multinacionales, no copiando ni utilizando sus modelos, sino aportando el valor añadido que estas pequeñas empresas son capaces de ofrecer y que permita generar nuevos nichos de empleo, transformación de los antiguos y libertad y posibilidad de crecimiento y promoción a nuestros trabajadores.

SEGUNDA PARTE

CAPÍTULO 9
FORMACIÓN PARA LA EMPLEABILIDAD Y EL EMPRENDIMIENTO

Sebastián Reyna

Todos los diagnósticos que sobre el futuro del empleo y del trabajo se vienen realizando, coinciden en que la formación inicial y permanente de los empleados es la condición imprescindible para que el empleo, entendido como la cantidad de trabajo que la actividad económica es capaz de crear y mantener, no se vea afectado negativamente por la progresiva implantación de nuevas tecnologías en las empresas, que están modificando el proceso organizativo de éstas, la forma de relacionarse con sus clientes y proveedores y la manera de realizar el trabajo habitual.

Menos coincidencia hay en cuál es el modelo educativo más adecuado, las materias de estudio que deben ser prioritarias y las competencias más adecuadas para la empleabilidad; en todo caso sí que avanza el consenso en que ya no hay principios inalterables en esta materia y que, superando el viejo axioma de que era deseable un sistema formativo duradero y poco cambiante, ahora se valora más un sistema adaptable a una realidad cada vez más variable.

Si hasta hace poco la acelerada implantación de novedades digitales en el ámbito económico, social y cultural era la causa más inmediata de anunciados cambios en el empleo y en el modelo tradicional de trabajo, sin embargo los nuevos acontecimientos (pandemia, guerra, daños medioambientales, inflación y otros que podamos esperar) son los que están produciendo más cambios. Ya no hay valores inalterables, tampoco en materia de educación y formación. Por ello todos los análisis están condicionados por la evolución de estos acontecimientos y sus efectos complementarios.

En todo caso, continúa vigente la definición que hace la OIT de la empleabilidad, como el conjunto de «competencias y cualificaciones transferibles que refuerzan la capacidad de las personas para aprovechar las oportunidades de educación y de formación que se les presenten con miras a encontrar y conservar un trabajo decente, progresar en la empresa o al cambiar de empleo y adaptarse a la evolución de la tecnología y de las condiciones del mercado de trabajo» (OIT, 2004, R. 195 I.2[d]).

A ello añade que «la combinación de estas calificaciones les permite adaptarse a los cambios en el mundo del trabajo» (OIT, 2005, *Resoluciones adoptadas por la Conferencia Internacional del Trabajo en su 93.ª reunión*, art. 33, nota al pie 1).

Cambios en el modelo de mercado de trabajo

Una de las adaptaciones más urgentes que necesita el modelo educativo, en particular en su vertiente de formación profesional y técnica, es la que corresponde a las competencias necesarias para asimilar y aprovechar un modelo de mercado de trabajo que va a resultar muy diferente al que conocemos hoy. Sin duda es loable el objetivo de que los elementos de seguridad para el trabajador que contemplan nuestras tradicionales normas laborales, se trasladen a las nuevas circunstancias que se crean en una economía mucho más digitalizada, pero también tenemos que reconocer que ese traslado o esa asimilación no tiene por qué responder a los mismos parámetros que hoy conocemos.

Esta situación obliga a que la formación profesional, y en especial la tecnológica, contemple e integre los diversos modelos de trabajo, entendidos como el conjunto de condiciones, sujetas a normas reguladoras, que definen la realización efectiva del trabajo en cualquiera de sus facetas, modelos que se irán diversificando y haciéndose cada vez más complejos en breve tiempo. Hoy ya no hay un modelo único, ni siquiera uno preponderante, sino tantos como el mercado —libre, aunque regulado— es capaz de crear.

El acceso a las competencias profesionales debe incorporar por igual a todos los modelos de trabajo esperados. Sea en un sistema de dependencia por cuenta ajena, en un ámbito de independencia individual o colectivo o incluso con un modelo de semivoluntariedad o vocacionalidad, donde el trabajador debe asumir competencias que le preparen para cualquier opción de trabajo.

Un reciente estudio de los profesores Aliaga y Schalk, de la Universidad de Chile, sobre empleabilidad temprana y emprendimiento, nos recuerda que los modelos formativos en todos los niveles deben tener en cuenta: «Una estrategia que desarrolle las competencias básicas, transversales a todas las áreas de formación profesional, de empleabilidad y emprendimiento en aquellos estudiantes que se incorporarán al mundo del trabajo, ya sea de manera dependiente o de forma independiente. Esta formación complementaria y voluntaria incluye un conjunto de habilidades sintonizadas con el mercado laboral que busca reducir la brecha entre la consecución de la práctica profesional, el egreso y la primera inserción laboral profesional y/o generación de autoempleabilidad (emprendimiento)».

Trabajo dependiente y emprendimiento

En particular la implantación de tecnologías colaborativas y de trabajo en red, ofrece ventajas competitivas a los individuos creativos e innovadores, pero esa capacidad de innovación deriva de un modelo formativo en el que el emprendimiento y la autoempleabilidad deben ser considerados valores universales.

Ya no vale formar sólo para la dependencia en la medida que la ajenidad ya no debe ser el único elemento definitorio del trabajo, ni el derecho a trabajar puede basarse sólo en la dependencia de terceros. La formación para la independencia aporta capacidades que resultan trascendentes para todas las personas, más aún con la aplicación de esas nuevas tecnologías que están introduciendo cambios revolucionarios en nuestras actividades educativas, laborales y lúdicas. El uso eficiente de los medios informáticos, las tecnologías colaborativas y el trabajo en red, ofrecen nuevas ventajas competitivas a los individuos creativos.

Debemos hacer un uso inteligente de las nuevas tecnologías, que nos ayude a encontrar salidas a las profundas crisis en las que estamos inmersos, pero ello exige la adopción de actitudes y aptitudes distintas.

Y una de esas nuevas actitudes será la de esperar razonablemente que la autoempleabilidad, así como el emprendimiento individual y colectivo, será parte protagonista de nuestra nueva economía y por lo tanto creadora de empleo neto. Y una nueva aptitud debe acompañar a los agentes responsables para aceptar esta realidad y adaptarse a ella, también en el terreno formativo y de acceso a las competencias profesionales.

La formación para el emprendimiento debe ocupar espacio protagonista en la planificación, el diseño y la gestión de una formación profesional y tecnológica de calidad, pero no sólo para aquellos estudiantes que demuestran desde el principio actitudes emprendedoras, sino para todos en general, como parte de su camino de acceso a habilidades básicas sociales y personales.

Buena prueba de esa confluencia de valores es la progresiva flexibilización en los sistemas de trabajo individuales y en equipo: así lo recogen las reflexiones del Innovation Hub de la Asociación de Fabricantes y Distribuidores (AECOC): «Los **nuevos modelos de trabajo** se rigen por estructuras cada vez menos jerárquicas y por metodologías ágiles. Estos modelos se integran por equipos interdisciplinarios y procesos circulares con visión de extremo a extremo que, a su vez, permiten mayor flexibilidad para trabajar en cualquier momento y en cualquier lugar. También evoluciona la relación con otras organizaciones, que es más fluida y sigue una tendencia hacia una dependencia mutua y más compleja, proporcionando a los empleados la posibilidad de moverse entre los diferentes departamentos».

Añade que «estos ecosistemas cambiantes dan lugar a que las empresas mejor preparadas puedan aprovechar las nuevas oportunidades de mercado. Surge así un concepto nuevo llamado *gig economy*, como alternativa a la contratación tradicional y en la que se establecen trabajos esporádicos de duración corta en los cuales el contratado se encarga de una labor específica dentro de un proyecto».

Para que esta nueva realidad (es decir, la realización por parte de profesionales de trabajos esporádicos, pero que en su conjunto responden a sus necesidades básicas y tienen continuidad) pueda ser valorada positivamente por la sociedad y aprovechar sus potencialidades, es imprescindible que el trabajo independiente no se asimile de forma automática con la precariedad, sino más bien que sus valores sean incorporados a los modelos formativos; de esta forma todos pueden adquirir habilidades sociales que son imprescindibles para acompañar a las habilidades técnicas. Las habilidades que ofrecen las competencias emprendedoras son indicadas también para el liderazgo de equipos y para la comprensión del sentido de la empresa, valores que serán cada vez más tenidos en cuenta en cualquier proceso de selección profesional.

Así lo pone de manifiesto también la AECOC: «Se buscan perfiles diferentes a los demandados anteriormente, donde las habilidades puramente técnicas van perdiendo valor a medida que son sustituidas por el uso de la tecnología. Es por ello por lo que los trabajos del futuro requerirán de habilidades sociales que complementen esas habilidades técnicas».

Competencias clave

En todo caso, las carreras profesionales de futuro van a compaginar en periodos temporales etapas de autoempleabilidad con otras de dependencia, aunque ya no en un sentido único de subordinación, razón por la cual la formación no puede estar basada sólo en compartimentos estancos, sino que debe formar a todos por igual con equivalente jerarquía de valores, entre los que la capacidad emprendedora tiene que contemplarse necesariamente.

En este sentido y siguiendo la clasificación de las competencias claves para la empleabilidad incluidas en las orientaciones de la OIT, aquellas incorporadas a las de trabajo en equipo, que relacionamos a continuación, deben complementar las propias del emprendimiento, demasiado dirigidas habitualmente a la acción individual en la formación tradicional. Son las siguientes:

- Conducirse de forma apropiada en el trabajo.
- Trabajar en equipos o grupos.
- Interactuar con compañeros de trabajo.
- Respetar los pensamientos y las opiniones de los demás integrantes del grupo.
- Trabajar según las pautas culturales del grupo.
- Comprender y contribuir a las metas de la organización.
- Planificar y tomar decisiones con otras personas y apoyar los resultados.
- Asumir la responsabilidad por las acciones.
- Formar alianzas y coordinar diversas experiencias.
- Trabajar en pos del consenso grupal en la toma de decisiones.
- Valorar los aportes de los demás.
- Aceptar la retroalimentación.
- Resolver conflictos.
- Ofrecer orientación, ejercer de mentor, dar retroalimentación.
- Liderar con eficacia.
- Movilizar grupos para lograr un rendimiento elevado.

Por otra parte, las competencias que la OIT ha estudiado como necesarias para la resolución de problemas de forma autónoma, más propias de la acción independiente, deben incorporarse a la formación del trabajador por cuenta ajena, entre las que la OIT destaca las siguientes:

- Pensar de forma creativa.
- Resolver problemas de manera independiente.
- Comprobar que los supuestos sean verídicos.
- Identificar problemas.
- Tener en cuenta el contexto de los datos y las circunstancias.

- Identificar y sugerir ideas nuevas para cumplir con el trabajo (iniciativa).
- Recolectar, analizar y organizar la información (planificación y organización).
- Planificar y gestionar el tiempo, el dinero y otros recursos para lograr los fines señalados.

Redefinir el derecho al trabajo y a la formación

Hoy ya está consolidado el reconocimiento del derecho a la formación y a la cualificación profesional como uno de los fundamentales que conforman el derecho laboral, tanto en las escasas referencias internacionales como en los códigos nacionales.

El derecho a la formación profesional en España se constitucionaliza como uno de los principios rectores de la política social, así reconocido en el apdo. 2, art. 40 de la Constitución Española. Por su parte, el apartado d) del párrafo 1) del art. 23 del Estatuto de los Trabajadores establece el derecho «a la formación necesaria para su adaptación a las modificaciones operadas en el puesto de trabajo. La misma correrá a cargo de la empresa, sin perjuicio de la posibilidad de obtener a tal efecto los créditos destinados a la formación. El tiempo destinado a la formación se considerará en todo caso tiempo de trabajo efectivo».

Sin embargo, a los efectos de conseguir una asimilación de la formación profesional de las personas que ejercen una actividad dependiente con aquellas que lo hacen por cuenta propia, sería necesaria una revisión general del derecho a la formación en el trabajo, que ya no puede ser sólo una obligación del empresario contratante, sino que debe extenderse a la sociedad en general y a las autoridades en materia laboral en particular.

En el caso español en especial se avanzó ya en pasados años en el reconocimiento del derecho a la formación profesional con carácter universal, y no sólo como un derecho que nace en exclusiva a partir de la contratación laboral. Esta posición ha quedado certificada por la reciente promulgación de la obligación de cotización en el Régimen de Autónomos de la Seguridad Social para asegurar el acceso a la formación profesional permanente de este colectivo.

Para asentar esta situación en el terreno internacional sería aconsejable ir sustituyendo el concepto del derecho laboral, con connotaciones exclusivas relacionadas con la relación por cuenta ajena, por un concepto más general de «derecho a trabajar», en la línea ya establecida por el Pacto Internacional de Derechos Económicos, Sociales y Culturales de Naciones Unidas, que en los dos primeros párrafos del artículo 6 de su Parte III, indica expresamente:

«1. Los Estados partes en el presente pacto reconocen el derecho a trabajar, que comprende el derecho de toda persona a tener la oportunidad de ganarse la vida mediante un trabajo libremente escogido o aceptado, y tomarán medidas adecuadas para garantizar este derecho.

2. Entre las medidas que habrá de adoptar cada uno de los Estados partes en el presente pacto para lograr la plena efectividad de este derecho, deberá figurar la orientación y formación técnico-profesional, la preparación de programas, normas y técnicas encaminadas a conseguir un desarrollo económico, social y cultural constante y la ocupación plena y productiva, en condiciones que garanticen las libertades políticas y económicas fundamentales de la persona humana».

Obviamente, la adaptación general de un concepto más amplio del derecho a trabajar exige por parte de cada uno de los Estados el desarrollo de normativas específicas que regulen los diferentes modelos de ejercer el trabajo, como ocurre en el caso español con el establecimiento de leyes como la de Cooperativas o el Estatuto del Trabajo Autónomo, normas a través de las cuales se aplica el derecho a la formación de forma específica para cada uno de los diversos colectivos.

También es necesario cada vez más, al menos en el seno de cada uno de los Estados, a falta de una normativa internacional suficiente, una legislación en materia de formación socioprofesional que permita la natural integración de ésta en el modelo educativo básico y superando la antigua división de la denominada formación permanente para el empleo de la técnico-profesional reglada, así como un modelo de calificaciones que contemplen la experiencia práctica, no sólo laboral, dentro de la certificación curricular.

En España tenemos una norma recientemente aprobada, aún no contrastada, pero que parece avanzar en esa dirección: se trata de la Ley Orgánica 3/2022, de 31 de marzo, de ordenación e integración de la Formación Profesional.

Esta nueva ley nace reconociendo y aceptando un diagnóstico realista de las deficiencias de nuestro modelo de formación profesional y de las consecuencias de este déficit en nuestra productividad y en nuestro escaso desarrollo de la capacidad emprendedora; así se expresa de forma contundente su Exposición de Motivos:

«Los organismos internacionales recuerdan cómo la ausencia de capacidades y habilidades laborales en muchas personas, o la falta de reconocimiento y certificación en otras, es un enorme hándicap para la creatividad, la innovación, el dinamismo, la modernización productiva y el crecimiento de la economía española. El problema de la débil productividad media de nuestra economía y la insuficiente capacidad de emprendimiento están, entre otras causas, vinculadas a la falta de cualificación adecuada de una gran parte del capital humano, lo que coincide con las advertencias realizadas por organismos europeos».

CAPÍTULO 10

LA IMPORTANCIA DE LA ADQUISICIÓN DE LAS HABILIDADES DIGITALES EN LA EMPLEABILIDAD DE LAS PERSONAS

Jesús Mari Ordóñez

Vivimos en una época de cambios constantes y veloces, una época en la que lo efímero está a la orden del día, pero con un elemento común a todos esos cambios: la utilización de canales digitales para un número cada vez mayor de interacciones en nuestra vida cotidiana.

Cuando se hacen referencias a la «empleabilidad», lo primero que le viene a la mente a cualquiera es la capacitación profesional, y cuando se hace referencia a la formación y capacitación digital como elemento de aumento de dicha empleabilidad, lo primero que visualizamos es la adquisición de competencias digitales profesionales.

Sin embargo, como decía al principio, la utilización de canales digitales es un elemento cada vez más necesario para la realización de cualquier gestión cotidiana, desde solicitar una cita en cualquier servicio de carácter público o privado, hasta presentar una candidatura a una oferta de empleo. Si nos centramos en la generalización del canal digital para los procesos de búsqueda de empleo, el elemento fundamental que analizar es la habilidad en el uso de dicho canal.

Hace ya tiempo que me preocupa sobremanera la brecha digital existente, no a nivel de infraestructuras o equipamientos, sino en cuanto a las habilidades de la población en el uso de los canales digitales. Y, más en concreto, me preocupa la carencia de habilidades digitales en la población más vulnerable a la hora de acceder al empleo.

Para ilustrar la situación en lo que me toca más de cerca, tomaré como punto de partida la distribución de personas inscritas en Lanbide (Servicio Vasco de Empleo) el 30 de abril de 2022 según su nivel académico y su edad:

Cuadro 1

Comunidad Autónoma de Euskadi

abril-22		Total demandantes			Demandantes parados		
		hombre	mujer	total	hombre	mujer	total
Nivel académico	Hasta obligatorios	57,2 %	48,8 %	**52,5 %**	64,7 %	58,1 %	**61,0 %**
	Bachiller	9,7 %	10,1 %	**9,9 %**	8,8 %	9,1 %	**9,0 %**
	FP	21,3 %	21,6 %	**21,5 %**	17,2 %	19,3 %	**18,4 %**
	Universitarios	11,9 %	19,5 %	**16,2 %**	9,3 %	13,5 %	**11,7 %**
	Total	**100,0 %**	**100,0 %**	**100,0 %**	**100,0 %**	**100,0 %**	**100,0 %**

Fuente: Fichero estadístico SISPE.
Elaboración: Servicio de análisis, estudios y estadísticas. LANBIDE.

Tal y como aparece en el cuadro 1, más del 50 % de las personas inscritas en Lanbide tienen un nivel académico igual o inferior al certificado de la ESO. Si nos centramos en las personas paradas, el porcentaje supera el 60 %.

Se muestra a continuación la distribución de personas inscritas en Lanbide por intervalos de edad:

Cuadro 2

Comunidad Autónoma de Euskadi

abril-22		Total demandantes			Demandantes parados		
		hombre	mujer	total	hombre	mujer	total
	<30	17,3 %	14,5 %	**15,7 %**	18,3 %	14,7 %	**16,3 %**
Edad	30 a 49	46,3 %	48,6 %	**47,6 %**	40,3 %	44,7 %	**42,8 %**
	>49	36,4 %	36,9 %	**36,7 %**	41,4 %	40,6 %	**40,9 %**
	Total	**100,0 %**	**100,0 %**	**100,0 %**	**100,0 %**	**100,0 %**	**100,0 %**

Fuente: Fichero estadístico SISPE.
Elaboración: Servicio de análisis, estudios y estadísticas. LANBIDE.

El porcentaje de personas inscritas en Lanbide con más de 49 años es del 37 %, porcentaje que aumenta al 40 % entre las personas paradas.

Para poder hacernos una composición adecuada, se muestran a continuación, en los cuadros 3 y 4, los resultados de la *Encuesta sobre Equipamiento y Uso de Tecnologías de Información y Comunicación en los hogares 2021*, realizada por el INE, también por estudios terminados y edad. En concreto, tomamos la información referente a las Habilidades digitales en el uso de Internet en los últimos tres meses, por motivos particulares y por tipo de habilidad.

Cuadro 3

Estudios terminados	Sin habilidades	Habilidad limitada	Habilidad reducida	Habilidad baja	Habilidad básica	Habilidad avanzada	No evaluable
Hasta Primaria	9,8	13,7	14,8	14,0	14,7	3,6	29,3
Secundaria	2,0	4,6	9,1	19,6	30,1	30,5	4,1
Formación Profesional	0,9	2,5	3,5	13,5	27,4	51,2	1,1
Superior	0,2	0,5	2,4	9,3	23,1	63,9	0,6
Otros	0,8	1,2	..	..	55,6	8,5	33,9

Fuente: Instituto Nacional de Estadística.

Notas: Las habilidades digitales están basadas en la metodología de Eurostat. Esta metodología se ha modificado/actualizado respecto a ediciones anteriores y, por tanto, es aplicable a partir de este año 2021. Sólo se considera a las personas que han utilizado Internet en los últimos tres meses y establece cinco tipos de habilidades: sin habilidades, habilidades limitadas, reducidas, básicas y superior a la básica (avanzada), construidas a partir del grado de habilidad en los campos de la Información y alfabetización de datos, Comunicación y colaboración, Creación de contenidos digitales, Seguridad y Resolución de problemas. Se considera No evaluables a las personas que no han utilizado Internet o no lo han hecho en los últimos tres meses.

En el caso de los estudios terminados, nos encontramos con una situación realmente preocupante, ya que en las personas sin estudios terminados o con estudios hasta educación primaria, casi el 30 % no ha utilizado Internet o no lo ha hecho en los últimos tres meses.

Aunque también en el resto se observa que el porcentaje de personas con habilidades avanzadas es relativamente bajo, puesto que sólo un 30 % de las personas con educación secundaria terminada las tiene y poco más de un 50 % de las que tienen formación profesional.

Cuadro 4

Edad	Sin habilidades	Habilidad limitada	Habilidad reducida	Habilidad baja	Habilidad básica	Habilidad avanzada	No evaluable
De 16 a 24 años	0,3	1	3,7	9,7	27,1	57,7	0,3
De 25 a 34 años	0,8	1,2	4,3	12,9	25,7	54,5	0,7
De 35 a 44 años	1,1	2,4	4,7	14,9	28,5	46,8	1,6
De 45 a 54 años	2,2	4,2	7	18,6	28,8	37,3	2
De 55 a 64 años	3,6	7	11,6	18,3	26,4	24,1	9

Fuente: Instituto Nacional de Estadística.

Notas: Las habilidades digitales están basadas en la metodología de Eurostat. Esta metodología se ha modificado/actualizado respecto a ediciones anteriores y, por tanto, es aplicable a partir de este año 2021. Solo se considera a las personas que han utilizado Internet en los últimos tres meses y establece cinco tipos de habilidades: sin habilidades, habilidades limitadas, reducidas, básicas y superior a al básica (avanzada) construidas a partir del grado de habilidad en los campos de la Información y alfabetización de datos, Comunicación y colaboración, Creación de contenidos digitales, Seguridad y Resolución de problemas. Se considera No evaluables a las personas que no han utilizado Internet o no lo han hecho en los últimos tres meses.

Se puede comprobar que, según aumenta la edad, disminuyen las habilidades, llegando al punto de que más de un 60 % de la población mayor de 45 años tiene habilidades digitales básicas o reducidas, siendo dicho porcentaje superior al 70 % en el caso de los mayores de 55 años.

Como era de esperar, es en los menores de 24 años donde el porcentaje de personas con habilidades avanzadas es mayor.

Llegados a este punto, podemos hablar con propiedad de «brecha digital». No existe una definición única ni aceptada universalmente del concepto de brecha digital, por lo que, a efectos de este capítulo, me apoyaré en la definición que hace Cruz Roja: «La brecha digital hace referencia a la desigualdad en el acceso, uso o impacto de las Tecnologías de la Información y la Comunicación (TIC) entre grupos sociales. Estos grupos se suelen determinar en función de criterios económicos, geográficos, de género, de edad o culturales».

Si nos centramos en las personas inscritas en Lanbide, podemos concluir que el gran reto en cuanto a formación no pasa por capacitar a las personas que buscan empleo en competencias profesionales digitales, que también, sino por dotar a dichas personas, o a un importante colectivo de las mismas, de habilidades digitales suficientes para utilizar el canal digital en sus procesos de búsqueda de empleo, y así poder tener oportunidades reales de empleabilidad, sobre todo teniendo en cuenta que las fuentes de reclutamiento son mayoritariamente digitales.

En la Comunidad Autónoma de Euskadi hace ya tiempo que disponemos de un recurso público denominado «KZ Gunea». Se trata de una red pública de centros de capacitación TIC. Lanbide colabora con dicha red programando una serie de cursos con dos niveles, un nivel básico de alfabetización digital dirigido a las personas con mayores carencias en ese campo y un nivel avanzado en técnicas de búsqueda de empleo por medio de canales digitales.

El uso de este recurso sufrió la paralización ocasionada por la pandemia, cuando las personas que realizaban el módulo básico eran unas 3.000 anuales. Tras dos años de parón, en junio de 2022 volvemos a poner en marcha los módulos básicos, evidentemente presenciales, con la esperanza de que sea un elemento que ayude a la eliminación de la brecha digital.

Es evidente que las nuevas generaciones adquirirán las habilidades digitales necesarias de manera natural en la etapa educativa, pero la Administración en general y los servicios públicos de empleo en particular, deben tomar conciencia de la necesidad de poner en marcha recursos que permitan a la población más vulnerable la adquisición de habilidades digitales. Debe ser una apuesta de país para mejorar la empleabilidad de estas personas y evitar, en la medida de lo posible, la creación de bolsas de exclusión originadas por la dificultad que acabará suponiendo la realización de todo tipo de gestiones cotidianas a través de medios digitales, para los que no se dispondrá de habilidades suficientes.

CAPÍTULO 11
UNA FÓRMULA INFALIBLE: FORMACIÓN DIGITAL, MÁS TALENTO, MÁS INNOVACIÓN

José Joaquín Flechoso

Es evidente que la digitalización ha marcado una transformación profunda en el mercado laboral. Las estructuras han debido adaptarse a los cambios inducidos por las tecnologías adaptadas a los diferentes procesos productivos, facilitando y creando un nuevo escenario tras la introducción de sistemas que incorporan inteligencia artificial y algoritmos. Los retos que nos exige la irrupción de la inteligencia artificial en la toma de decisiones suponen un cambio drástico sobre el modelo de relaciones laborales de hoy en día. Ante la participación activa de los algoritmos, los individuos agradecerán ser tratados como adultos y que se les permita tomar decisiones acerca de su trabajo, tal como lo harían en otros ámbitos de su vida. También a ellos les beneficiará idear formas más inteligentes de trabajar y alcanzar los objetivos en el menor tiempo posible. Los mejores trabajadores tal vez serán los que menos horas trabajen... o no. En un nuevo modelo de trabajo inteligente, los empleados podrán decidir sobre la pertinencia de realizar determinadas reuniones. Los supervisores se convertirán en asesores capaces de sacar lo mejor de las personas, motivándolas y dándoles apoyo, cediéndoles el control siempre que sea posible.

La inteligencia natural, la que todos conocemos, está en alza, lo cual rompe con viejos paradigmas apocalípticos sobre la supremacía de los sistemas inteligentes. Sin duda estamos ante un nuevo modelo de relaciones laborales. La digitalización ha impuesto notables cambios, y quizás uno de los más evidentes sea la redefinición de ciertos cometidos, o mejor dicho, de tareas realizadas en entornos no digitalizados. Debemos ir redefiniendo ciertos puestos de trabajo para catalogarlos como empleos neoemergentes, considerándolos como aquellos que, si bien ya existían, han debido readaptarse al mundo digital, experimentando un notable crecimiento. Estos empleos, van a consolidarse en lo más alto del ranking, donde podemos encontrar a algunos de reciente creación, como el de auditor de algoritmos o el lingüista experto en lenguaje natural que enseña a hablar a las máquinas. Estos dos ejemplos y otros muchos emergen como una versión 2.0 de empleos ya existentes, pues los matemáticos han existido siempre, pero nunca como hasta ahora han gozado de tanto protagonismo en áreas como la ciberseguridad, la criptografía o en la redefinición de algoritmos. Podríamos decir sin temor a equivocarnos, que hay un empleo neoemergente detrás de cada trabajo convencional. Para todo tipo de perfiles existe una oportunidad para las personas que tienen una formación de base, lo cual facilita su incorporación a nuevas alternativas de empleabilidad, tras realizar el necesario proceso de reactualización de conocimientos. Es evidente que todo este proceso de creación de nuevos empleos conlleva el desempeño de nuevos roles y, en tiempos de cambios como los actuales, la orientación laboral se convierte en asignatura de obligado cumplimiento. Orientar profesionalmente se antoja trascendental, porque el profesional no puede elegir lo que no conoce. Es una urgencia que no admite demora y que debe abarcar un amplio espectro, iniciándose en la enseñanza escolar, pasando por los jóvenes que aún no se han incorporado al mercado laboral, hasta llegar a los de edad intermedia que necesitan conocer qué ofrece el mercado, tomando como base su formación y experiencia.

Hay que redefinir la orientación profesional como excelente vía de entrada para poder despertar motivaciones en los jóvenes. Habría que fomentarla dando a conocer la amplia oferta formativa que potencie la capacitación de nuestros estudiantes, que en un tiempo se incorporarán al mercado laboral como profesionales y necesitaran información. Atrás quedan los dos grandes bloques de ciencias o letras como solución dicotómica en la que basar la elección de estudios. Hoy en día no existe proyecto en el cual no se combinen diferentes disciplinas escasamente coincidentes en la base, pero imprescindibles para el buen término de una tarea. Esto conllevará la creación de equipos diversos, configurados por distintos profesionales procedentes del mundo universitario, pero también de la formación profesional, estudios estigmatizados en el pasado, pero que ofrecen una especialización imprescindible en un mundo multidisciplinar. La importancia creciente de la formación profesional viene marcada por el siguiente dato: se calcula que, en España en 2030, un 65 % de los puestos de trabajo ofertado irá dirigido a perfiles procedentes de la formación profesional. La nueva legislación de esta materia, se convierte en una herramienta fundamental para el crecimiento y la competitividad de las empresas. Es evidente que desde el ámbito empresarial se deben potenciar los planes formativos, las habilidades sociales y las competencias digitales.

El beneficio de la formación no es sólo para el trabajador, sino también para la empresa, ya que para ambos supone una inversión para afrontar los retos del futuro. A efectos laborales, favorecer la igualdad de oportunidades y la promoción personal y profesional, a la vez que eleva el nivel de satisfacción del trabajador, constituye algo muy importante, pues ayuda a su integración en la empresa. En la formación es muy importante que la empresa siga un procedimiento que integre una planificación formativa donde se estudien y analicen las necesidades de formación, se identifiquen los recursos necesarios y se lleve a cabo la ejecución de los programas formativos. Gracias a una formación de calidad se consigue una mejora de las competencias del puesto de trabajo. Los empleados, cuanto más cualificados, serán más productivos y desarrollarán puestos más específicos con los que la empresa conseguirá ser más competitiva.

Es importante no olvidar que la OIT, máximo organismo competente sobre el trabajo y las relaciones laborales, propone «el derecho universal a la formación durante toda la vida» para afrontar los cambios en el mundo del trabajo, a la vez que reclama una ampliación del contrato social. Desde 2015, la OIT ha estado estudiando las plataformas laborales digitales con miras a comprender las repercusiones de esta nueva forma de organización del trabajo en los trabajadores y el empleo en general, y considera importante hacer un llamamiento a favor de sistemas de gobernanza de las plataformas digitales de trabajo, que respeten normas mínimas de equidad y transparencia. Debemos invertir más en el trabajo decente y sostenible y, en esto, las plataformas digitales de trabajo tienen mucho que aportar.

Un cambio en la cultura corporativa

Los expertos vaticinan que las generaciones futuras estudiarán este periodo del siglo XXI como un punto de inflexión entre la «era pre-COVID» y la «era post-COVID», sobre todo por los importantes efectos que ha tenido la pandemia, que marcarán la transición hacia un nuevo orden económico y social. El fin de la pandemia no va a suponer la vuelta al trabajo tal y como lo concebíamos antes. Deberá traducirse en un cambio en la cultura corporativa que recoja nuevas fórmulas para promover la empatía, la creatividad y la colaboración como valores esenciales para las empresas del futuro. Las pymes son más vulnerables ante una crisis al tener sus reservas de efectivo limitadas, lo que conlleva un menor margen para soportar la caída de los ingresos debido a situaciones como las de un confinamiento durante semanas. Por tanto, el camino que las pymes tienen que seguir para la recuperación obliga a tener actualizado internamente tanto el talento, como la tecnología. Antes de esta situación, las pymes ya competían por captar talento con empresas de mayores dimensiones, que probablemente ofrecían mejores salarios o más reconocimiento profesional, pero la pandemia ha hecho más difícil afrontar los desafíos de atraer y retener el talento. Aplicar políticas, pautas o claves para movilizar y fidelizar el talento, permite a las pymes ponerse en el escaparate, de modo que un candidato interesado en buscar trabajo, se decante definitivamente por una u otra compañía, sobre todo poniendo en valor los aspectos cualitativos que diferencien una oferta de otra. Más allá del salario o del ambiente laboral, cada vez hay más trabajadores preocupados por su devenir y desarrollo profesional, por la formación y la conciliación laboral y familiar. Hasta hace apenas unos años, la gestión del talento no era un tema estratégico para las pymes. Los altos niveles de competitividad les han hecho tomar conciencia de la importancia que tiene disponer de equipos, no sólo cualificados y profesionales, sino comprometidos y motivados con el proyecto corporativo del que forman parte. En estos tiempos deberíamos prestar atención a cómo tratar lo que se ha denominado la cultura emocional de las organizaciones o, dicho de otro modo, a los sentimientos que los profesionales tienen o deberían tener en el trabajo, y aquellos que se guardan para sí mismos. Los directivos de las empresas no siempre son conscientes de la importancia clave de las emociones para construir una cultura corporativa adecuada. El nuevo exponente del modelo digital es el salario emocional, algo que ya forma parte de las prioridades de muchos perfiles profesionales, y donde se valora por encima de todo la conciliación y el tiempo libre, unas mejores condiciones para desempeñar el trabajo, el reconocimiento personal y la formación y capacitación profesional. Todo ello forma parte de incentivos no monetarios, algo que las nuevas generaciones demandan y valoran más cada día. Los empleados, ahora más que nunca, son proactivos y analizan sus carencias y necesidades formativas para desarrollarse personal y profesionalmente.

Han cambiado muchos conceptos y otros están en vías de hacerlo. Las empresas se ponen en el escaparate, muestran su cultura interna, sus valores. Los jóvenes apelan a su libertad personal, por lo que esperan tener poder de decisión sobre la prevalencia que debe tener el trabajo en sus vidas. Se empieza a cuestionar la idea de que el trabajo ha de tener prioridad sobre todos los demás ámbitos vitales y se preguntan: ¿por qué tenemos que organizar nuestras vidas personales alrededor de unos patrones laborales fijos, cuando muchas de las actividades se pueden realizar con flexibilidad?

Las empresas deben implantar una cultura corporativa innovadora, algo que no sólo se mide por sus inversiones en tecnología, sino por el propósito, los valores o la mejora en el proceso de toma de decisiones. Hay que adoptar una actitud emprendedora en el más amplio sentido de la palabra.

Es necesario adaptarse constantemente para mantener la competitividad a medida que cambian las circunstancias. En una sola década se han producido tantos cambios como en la industrial a lo largo de un siglo, pero esto no ha hecho más que empezar.

El papel de la formación profesional

La nueva Ley de Formación Profesional que entró en vigor el 21 de abril de 2022, y dotada con 5.500 millones de euros, requiere un modelo renovado si pretende dar respuesta a las transformaciones de la Industria 4.0. La formación profesional (FP) son los estudios no universitarios más demandados en nuestro país, y los puestos de trabajo que precisan de un perfil técnico procedente de esta opción han aumentado casi un 2 % en los últimos dos años. Hay que reseñar que cada vez más universitarios inician grados de FP para poder contar con esta titulación en su expediente académico, añadiendo a los estudios de posgrado, tan importantes y valorados académicamente, la realización de módulos de FP. Esta vía es percibida como un complemento más fiable para encontrar trabajo que su simple titulación universitaria. Dentro de la FP, los perfiles más demandados se corresponden con los ciclos formativos de grado superior, suponiendo casi un 25 % de todos los puestos demandados por el mercado laboral español. Con un 18 % se sitúa la demanda de titulados en ciclos de grado medio. Si sumamos ambos, tenemos un 43 % que supera a la preparación universitaria. Durante el curso 2020-2021, 934.204 estudiantes se matricularon en FP. Esto supone el 11 % del alumnado español, a mucha distancia del 29 % de media de la Unión Europea. Pero ¿por qué no acaba de arrancar la FP en España? Tal vez porque, lamentablemente, sigue siendo una formación estigmatizada y considerada de segundo nivel, aun cuando está demostrando ser una gran herramienta para reducir el paro juvenil. En el futuro a corto plazo, los titulados en FP podrían resultar más competitivos a la hora de encontrar un puesto de trabajo, incluso más que los titulados universitarios. La mencionada nueva Ley de Formación Profesional conlleva una clara apuesta por la formación profesional dual (FPD) que últimamente está de moda en España y es entendida como un modelo muy adecuado para adquirir una práctica laboral, que complemente los conocimientos adquiridos en el periodo formativo.

Siempre que se invoca a la FPD buscamos la referencia de Alemania, con la denominada *Ausbildung*. Este tipo de formación nacida en 1969, es decir, veinte años antes de la caída del muro de Berlín, nos puede dar idea de que hablamos de un modelo más que consolidado, pero cierto es que en un país muy distinto al nuestro. La formación dual alemana se basa eminentemente en el trabajo práctico. En la mayoría de los casos tiene una duración de entre dos y tres años y medio, y es una combinación de teoría y práctica que prepara al personal en formación para las tareas que la empresa le encomendará. ¿Pero cómo encaja este tipo de formación en la cultura empresarial española? ¿Están las pymes mentalizadas al respecto? ¿Qué barreras se deben vencer? Pues todos estos interrogantes se contestan con una única respuesta: cambiando el modelo de cultura empresarial español. Es evidente que, con este tipo de formación, las empresas se convierten a su vez en entidades formadoras, algo hasta ahora encomendado a las empresas dedicadas a ello, o bien a las áreas específicas en esta materia en muchas de las grandes empresas. La mencionada Ley de Formación Profesional prevé mecanismos para que las pymes puedan agruparse y facilitar así su incorporación a la FPD con un doble beneficio, tanto para los alumnos como para las empresas, al implicarse ambos a la hora de generar nuevos perfiles que se están demandando.

Competencias digitales e innovación

Según el estudio *Empleabilidad y talento digital* de la Fundación Vass, la brecha entre el nivel de talento que las empresas requieren y el que presentan los jóvenes informáticos de la educación superior, alcanza un 46,8 %, y confirma que el déficit no ha dejado de crecer desde 2018. Es evidente que a empresas y universidades les toca adaptarse a los nuevos tiempos y estar en los canales en los que están los estudiantes, siendo imprescindible por otro lado modernizar las instituciones educativas. La creciente falta de perfiles y competencias digitales en España genera importantes pérdidas de actividad en el sector TIC. Sólo en el ámbito de los servicios digitales, hay una fuga de actividad cercana a los 315 millones de euros anuales, y una merma de 110 millones de euros de recaudación fiscal al año y de un 12,5 % menos de nuevas contrataciones, que equivaldría a un mínimo de 3.600 vacantes por año. No estamos para desperdiciar talento…

En su reunión de Riga en junio de 2015, la Comisión Europea, los Estados miembros, los países candidatos a la Unión Europea y los interlocutores sociales, reafirmaron la innovación como principio de la modernización de la formación. Esta voluntad manifestada vino a rubricar cómo el desarrollo experimental y la innovación son los pilares sobre los que ha de asentarse el desarrollo económico y el bienestar social de un país. Es necesario que la cultura de la innovación llegue a todas las escalas del sistema productivo y de la sociedad, con especial incidencia en el ámbito educativo y formativo. La innovación implica un proceso de transformación, y por ello se necesitan personas capaces de hacerlo efectivo en sus propias empresas o en sus propios puestos de trabajo dentro de una organización. Es por ello que el vínculo entre formación e innovación se antoja inseparable, sobre todo cuando se persigue una formación basada en la calidad y la excelencia. Las empresas deben apostar por el fomento de la innovación tanto didáctica como tecnológicamente, siendo favorecida esta última por la mayor disponibilidad de herramientas a precios cada vez más competitivos, que facilitará una mejora de los procesos y favorecerá la resolución de problemas concretos de las empresas.

La innovación necesita del impulso constante para adaptarse a las demandas del sistema productivo, debiendo actualizarse para integrar los avances en investigación, así como el desarrollo de destrezas personales y profesionales, tales como la creatividad, el talento y los valores emprendedores, incorporando competencias transversales como la resolución de problemas, el pensamiento crítico, el aprender y desaprender, la iniciativa o la asunción de riesgos. Es necesario impulsar la innovación para conseguir una economía sustentada en el conocimiento, que permita garantizar un crecimiento más equilibrado, diversificado y sostenible. Es tiempo de retos, pero también lo es de compromisos recíprocos...

CAPÍTULO 12
NUEVAS FORMAS DE APRENDIZAJE.
MACHINE LEARNING
Testimonios y reflexiones sobre la formación
JAVIER PLACER MENDOZA

Introducción
....

La realidad siempre supera a la ficción. Lo afirmo navegando desde una perspectiva general hacia la experiencia personal. Uno de los pilares del principio de realidad es que el manejo de los datos siempre ha sido una herramienta de gran valor. Hay una nueva herramienta, fácil de usar, sin necesidad de saber código, para manejar los datos con solvencia, aprender de ellos y usarlos para mejorar la herramienta a su vez. Numerosas especies animales reaccionan al fenómeno natural del fuego, pero sólo el ser humano ha aprendido a controlarlo y a hacer de él una herramienta ¡No seas animal!Esa misma realidad, tozuda, nos avala con una ventaja en el partido, si asumimos el diagnóstico más extendido sobre el rumbo óptimo del grumo educativo-formativo-aprendizaje: el objetivo debe ser la flexiseguridad basada en la libertad individual. Que el valor para la sociedad de la persona dependa de sí misma. Es la llave maestra para acceder a la empleabilidad. ¿Qué quieres ser? Arrendador de tiempo o vendedora de valor. Presa o cazadora. *Insider* u *outsider*. ¿Conocedor de dónde vas a morir?

Sin contexto, el grumo se endurece. Ese entorno se entiende mejor si aplicamos la segunda ley de la termodinámica, que nos dice que todo tiende a la entropía, de todos modos. Entropía es caos. El mundo se está volviendo más caótico, volátil, incierto, complejo y ambiguo[6]. Es muy útil también recordar a Darwin y comprobar cómo se prioriza la recompensa para los adaptables. Si la actitud con respecto al cambio es luchar contra él y tratar de volver a lo que ha sido antes, o la nueva normalidad, sólo sigue que la extinción, ser presa fácil, es inevitable. Mejor entender la sutileza de que el móvil primario de la evolución es la supervivencia de la aptitud, no del apto, imposible por definición biológica. La experiencia de la última década enfrentándome a la implantación de procesos de innovación, especialmente al aprendizaje y aplicación funcional de ML (*Machine Learning*, Aprendizaje Automático, «Inteligencia Artificial», Automatización) confirma, como muestra relevante, que la mayoría se resiste a la adaptación.

La educación actual llega a formar personas tan educadas como para creer lo que se les ha enseñado, pero no están lo suficientemente educadas como para cuestionar cómo ni qué se les ha enseñado. Hay que identificar al innovador, al que, mediante cambios en el nivel de aptitud, es capaz de demostrar que captura la recompensa. Y es muy complejo. Son un 1 %. Hace falta reconocer abiertamente que la aptitud es

---

6   Richard Feynman: «La mecánica cuántica describe la naturaleza como algo absurdo para el sentido común, pero concuerda plenamente con las pruebas experimentales»; y remataba: «Espero que ustedes puedan aceptar la naturaleza tal y como es: absurda». Porque «las cosas más importantes de la naturaleza parecen ser resultado del azar o de los accidentes», y «ni siquiera la propia naturaleza sabe qué camino va a seguir un electrón»: https://hipertextual.com/2018/02/richard-feynman-frases.

un fin que se entrena. La aptitud es una aproximación medible a la oferta de empleabilidad.

Otra entidad de la realidad es la evolución hacia una nueva clase de organizaciones que han conseguido mejorar la forma de lograr un rendimiento industrial radicalmente superior y de crecer significativamente más que sus homólogos[7]. Se podría ver como la muestra de la demanda de empleabilidad. La seguridad personal posible, funcional, está alimentada por el aprendizaje continuo para adaptar la aptitud personal a esas organizaciones evolucionadas de manera que se conecta oferta y demanda mediante la información que emite el nivel de aptitud. Permite adaptar continuamente la formación y cuestionar cómo y qué se nos ha enseñado. Licúa el grumo. Además, al facilitar la movilidad social, es revolucionario con la ineptocracia y cumple con el móvil primario de la evolución.

De una conclusión general, recurrente en toda la historia de la humanidad, intentamos derivar otra, positiva, particular, actual: {mejor herramienta→mayor valor personal→más empleabilidad→mejor manejo de la herramienta...}. La clave no es la tecnología, son las personas libres responsables.

Qué aprender concretamente, cuál puede ser esa mejor herramienta, es la primera duda razonable si has llegado aquí. Decían hace diez años que el *software* se comería al mundo. Ya entonces, también, matizamos que el aprendizaje automático se comería al *software*: el *software* automatizará el *software*, la automatización automatizará la automatización. Pues aprendamos *software* de automatización *no-code*.

---

7   *The Success Imperative. Being An Exponential Organization.* https://openexo.com/wp-content/uploads/2022/05/OpenExO-F100-Report.pdf.

Se aprende sorprendiéndose. Primero análisis y, si se puede, explicación. Aprender cómo manejar una herramienta de estudio de la realidad, como es el aprendizaje automático, es insuperable. ¡Hasta protege de la inflación! Es más, vuelve el arma de la distopía que nos amenaza, el uso de la tecnología para imponer el panóptico, en contra de los poderes que la disfrutan ahora. Continuar el tránsito desde la creencia y el dogma hacia la explicación de la causa-efecto está pendiente de democratización y está disponible en abierto[8]. Correlación no es causación y resulta que ahora datos+ML pueden impulsar ese carro del porqué. A mi juicio, acabará siendo una ciencia en sí misma.

El camino, siempre sujeto a los azares de la suerte, es claro: ¿qué recomiendo a mis hijos que aprendan para maximizar el valor de lo que hacen para la sociedad? Armarse de libertad, que es la consciencia de la necesidad e inseparable de la innovación, para defender el criterio propio por encima de convenciones sociales e ideológicas. Donde había prejuicio haya juicio. Y al juicio se llega con hechos. El ML es una herramienta de destilación de hechos. Proporciona la capacidad de ser cazador, al ayudar a identificar patrones, los que dejan las presas. Facilita no dejar nunca de aprender, reciclar nuevos datos en bucle, mantener en forma el espíritu crítico y usar mejor las herramientas aplicadas a cualquier campo. Sea cual sea la actividad desarrollada, que se apoye en una herramienta que tiene su razón en el análisis objetivo de la realidad de ese dominio es revolucionario. Supone volver a transitar la senda del trabajo experto

---

8   En abril de 2022, había 5.000 millones de usuarios de Internet en todo el mundo, lo que supone el 63 % de la población mundial. De este total, 4.650 millones eran usuarios de las redes sociales. 9 de mayo de 2022: https://www.statista.com/statistics/617136/digital-population-worldwide/.

abierta por griegos y fenicios, perdida durante casi dos mil años y recuperada en el Renacimiento. Aprendemos nuevas habilidades mediante la repetición y el aprendizaje por refuerzo. Mediante el método de ensayo y error, repetimos las acciones que conducen a mejores resultados, intentamos evitar los malos resultados y tratamos de mejorar los intermedios. Se puede tener aptitud y sensatez, asumir riesgos, generar patentes, se pueden entender patentes o se puede ser víctima, presa, arrendadora de tiempo, generándole casi USD60bn en ingresos a TikTok para que siga acelerando el bucle que erosiona el espíritu crítico con canciones óptimas de dieciséis segundos[9].

Una idea, buena, de Cicerón: «Alguien que no sabe lo que pasó antes de nacer va por la vida como un bebé». A mi juicio, tiene razón al ridiculizar a alguien tan tonto como para no saber lo que pasó antes de nacer. Es un recordatorio de Charlie Munger[10], que propone generalizar y divertirse con todas estas otras cosas que debes conocer además de la historia: las grandes ideas en todas las demás disciplinas. No sirve de nada conocerlas lo suficiente como para poder parlotearlas en un examen de la EVAU. Tienes que aprender estas cosas de tal manera que estén en un entramado mental, en tu cabeza, y las utilices automáticamente para el resto de tu vida. Los servicios que ofrezcas siempre tendrán valor, los ofreces con vocación de compartir ese *empoderamiento* personal y los clientes o la empresa que los contraten los pagarán sin obligaciones artificiales generadas por regulaciones, que una y otra vez sólo limitan el incentivo a aprender

---

9   *A Warning On the Future of Music: with Author Ted Gioia* (podcast): https://www.youtube.com/watch?v=qM4sEl8avug.
10 «2007 USC Law School Commencement Address», impartido por Charlie Munger.

constantemente. La historia demuestra que la inteligencia se sobrepone a la voluntad, al sentimiento. El experto —que no intelectual— sólo tiene que aprender a manejar nuevas herramientas. El especialista, a entenderlas. Entendiendo, abrazamos la realidad que requiere dominio y el mercado lo reconoce sin dudar.

Acceder a esas cosas es más fácil y barato que nunca en la historia de la humanidad. La formación permanente no hace falta que se regule. Un buen recomendador sobraría. Un Siri o Alexa del aprendizaje contextual, personal. El Google del aprendizaje.

La flexibilidad que otorgará la seguridad está en saber aplicar una herramienta digital general. Sin hacer apuestas aleatorias, el futuro seguro pasa por la gestión de la información digitalizada. Un ejemplo son los algoritmos y modelos de mayor rendimiento en una variedad de dominios diferentes, como el reconocimiento de imágenes, el reconocimiento del habla, el resumen o la generación de textos, responder a las preguntas de los textos, etc. Estas tareas cognitivas tan diferentes, cuando se miran bajo el capó, en realidad todas usan exactamente el mismo código base. Éste ha sido un cambio muy significativo que ha ocurrido en los últimos años en la inteligencia artificial. Estamos en este punto en que el código se ha convertido en el mismo y más o menos en una mercancía *commodity*, cuando se trata de la inteligencia artificial y el aprendizaje automático.

Lo que permite la diferenciación para la empleabilidad es realmente el manejo de una herramienta flexible, que elimina las complejidades del aprendizaje automático para que pueda centrarse en lo que más importa: mejorar y automatizar la toma de decisiones. Es fundamental buscar las herramientas en el mercado, incluso gratis, que proporcionen una amplia y relevante selección de algoritmos de aprendizaje automático con ingeniería robusta y que han demostrado poder resolver problemas del mundo real mediante la aplicación de un marco único y estandarizado. Hay que evitar depender de muchas bibliotecas dispares que aumentan la complejidad, los costes de mantenimiento y la deuda técnica en los proyectos. Han de facilitar un número ilimitado de aplicaciones predictivas en sectores como el aeroespacial, la automoción, la energía, el IoT, el entretenimiento, los servicios financieros y legales, la alimentación, la sanidad, el sector farmacéutico, el transporte y las telecomunicaciones, los sectores que catalicen la difusión del uso de la herramienta en otros sectores dependientes de esas infraestructuras y a todos los niveles.

Todos los modelos predictivos en la plataforma óptima han de incluir una visualización interactiva y características de explicabilidad que los hacen interpretables. Se deben poder exportar y utilizar para servir predicciones locales, fuera de línea, en cualquier dispositivo de *edge*, o desplegarse instantáneamente como parte de aplicaciones de producción distribuidas y en tiempo real. Es básico poder compartir los recursos de Aprendizaje Automático utilizando capacidades granulares de gestión de equipos y proyectos de manera transparente y colaborativa para todos los miembros de la organización, desde analistas y desarrolladores hasta ingenieros, científicos y ejecutivos.

Está demostrado que la calidad de las aplicaciones de ML es más que directamente proporcional a la calidad (no a la cantidad, Bigdata) y conocimiento de los datos. Esto es responsabilidad del profesional del dominio, no de los servicios de IT. Por eso, disponer de la optimización automática para la selección de modelos y la parametrización de algoritmos de clasificación y regresión, le ahorra mucho tiempo al usuario de cualquier campo, al crear y evaluar cientos de modelos para encontrarle los de mejor rendimiento para el fin que se busca. El flujo de trabajo que le ha llevado a esas conclusiones y que puede acabar en la necesidad de automatizar estos flujos de trabajo complejos, implementar algoritmos de aprendizaje automático de alto nivel y compartirlos fácilmente con otros, tiene que ser fácil y poder convertir esos flujos de trabajo en recetas reutilizables con un solo clic.

Casos reales cercanos

Como Hume pide a toda suerte de docentes o comunicadores, hay que ser capaz de añadir al sentido común un par ejemplos. Se estima que, en habilidades tecnológicas, después de las que tienen que ver con la infraestructura de la nube, el ML es la más demandada. Lo intentaré.

De manera histórica, el sector legal ha cabalgado sobre dos aspectos: el conocimiento de las regulaciones y la gestión obligada de algunos trámites con la administración.

En un mundo donde el conocimiento se calcula desde la información, y donde, al mismo tiempo, los trámites administrativos se digitalizan, la brecha entre los despachos clásicos y los digitales aumenta.

Es el caso de Tolentino Abogados, que debido a una crisis interna que puso en duda su viabilidad, 2014 permitió su transformación total al mundo digital. La automatización de procesos y el análisis desde los datos se instauró cuando no eran totalmente necesarios, pero ha sido su gran fortaleza ante los cambios en el sector, magnificados durante la pandemia del 2021. La rapidez de adaptación y su gestión de equipos desde los datos (*Data Driven*) hizo que entrara en confinamiento antes de que fuera decretado ilegalmente por el Gobierno. Pero desde el principio detectó cómo afectaba en la productividad de algunos empleados, tanto positiva como negativamente, haciendo que la respuesta fuera en el momento, sin tener que esperar a ver los resultados a fin de mes.

Años antes habían desarrollado un sistema robotizado llamado ROBerta, que les permite no sólo un aumento de la producción, sino el control de calidad en tiempo real. Este sistema, denominado WOPR, basado en los criterios de respuesta rápida del NORAD durante la Guerra Fría, con su valoración DEFCON permitió ampliar el nivel de resolución a cada proceso en cada trámite, así como analizarlo desde cada puesto de (tele)trabajo. Siguen innovando sin cesar y están trabajando en el uso de IA para la clasificación de documentación de manera automática.

Han demostrado que los sectores no son buenos o malos ante una situación de incertidumbre o cambio de reglas, sino la velocidad de reacción, haciendo que la detección rápida y el tiempo de reconfiguración sean claves para el éxito.

Las siete horas diarias de sol de media anual que España disfruta es un capital natural único para desarrollar una industria exportable de gestión inteligente de solar residencial y comercial complementaria para los grandes proyectos de renovables globales. Se puede aprovechar un modelo fractal y crearse una conexión a la energía renovable en los hogares, similar a lo que ya ofrece la fibra (FTTH). Conectar con la autogeneración y el autoconsumo genera eficiencia energética colaborativa, partiendo de cada hogar, de activos particulares. El objetivo principal de Solargrowth es optimizar la instalación a nivel global de toda la capacidad potencial de generación distribuida a toda velocidad. La capacidad de ofrecer la primera precisa herramienta de diseño automatizado a los cientos de miles de arquitectos, ingenieros e instaladores de energía fotovoltaica para residencial y comercial en todo el planeta es posible gracias a la tecnología propietaria desarrollada por Solargrowth. Cada instalación genera decenas de datos con un motor, automatiza, personaliza y prepara cientos de datos directamente tratables con ML. Esa capa de inteligencia puede después, además, gestionar automáticamente predicciones de ventas, precio dinámico, marketing derivado, por supuesto, propuesta técnica o cualquier otro servicio para los usuarios. De esta manera se logra acelerar la masiva instalación de energías renovables prometidas por los políticos y necesaria según los científicos.

El comercio electrónico forma parte de nuestras vidas cada vez de manera más intensa. Con respecto a la cuota de mercado mundial en exportación, los sectores en los que España tiene mayor peso incluyen la agricultura (junto a servicios y automoción). Las tecnologías y digitalización, que cada vez llegan a más empresas, hacen que los procesos de exportación, venta, posicionamiento de marca, etc. sean más ágiles y globales.

Es lo que Claire Global apalanca. Se ha convertido en la referencia de la digitalización comercial del sector primario. Ha reducido el *gap* digital al llevar la tecnología al alcance de la mano de los agricultores y ganaderos. Como dice uno de sus fundadores, que un ganadero pueda, mientras pasea, hacer una foto de su ganado, y cerrar la venta de una ternera con la aplicación desde su móvil.

El impacto comercial de poner las nuevas herramientas tecnológicas al servicio de los agricultores significa que, gracias a un proyecto como Claire, éstos pueden controlar de una manera más eficiente la cadena de valor de sus productos y, en definitiva, participar de forma más directa en esa cadena de valor.

Para el sector agroindustrial, que tiene una participación menor que otros sectores en las plataformas tecnológicas, Claire les ofrece una herramienta de internacionalización y una ventana comercial abierta a cincuenta mercados.

El COVID-19 ha cambiado la forma de realizar la promoción comercial internacional. El modelo de *market place* con *trading agents* automatizados de Claire permite que la oferta y la demanda internacional se encuentren de forma fácil y barata.

Pocas veces vemos que herramientas de inteligencia artificial como el ML se apliquen en un sector como el agroindustrial de manera tan intensa, logrando automatizar transacciones comerciales que por su propia naturaleza son complicadas. Esto supone una autentica disrupción para el mundo agrario y su inserción por la puerta grande en la llamada Agenda Digital.

Oferta. Adaptabilidad y difusión

Ese primer 5 % de innovadores, los que facilitan la difusión de la innovación, puede ser el mismo que para su desarrollo en su dominio ya se siente cómodo con el tratamiento de los datos en hojas de cálculo. Con el riesgo asumido de cualquier estimación, se puede apuntar al número de personas que haría falta que tuvieran alguna aptitud en manejo de datos con ML para que dejara de ser una innovación y el conjunto de la sociedad se beneficiara. El primer 1 % de innovadores en España son 150.000, en la Unión Europea 675.000 y 17 millones a nivel global. Estos innovadores van creando las primeras aplicaciones *end-to-end* con ML como infraestructura. Son los arquitectos. Pero los que las usan deben entender cómo funcionan, poder aportar una visión objetiva de su trabajo a esos arquitectos, en forma de datos y modelos de su día a día que puedan ser creados y operados independientemente. No son magia negra, *black boxes* de redes neuronales inexplicables, inauditables y altamente costosas. En bachillerato se aprendió lo necesario. Deben ser analistas. En medio, los ingenieros pueden conectar los detalles desarrollados por los analistas, entrenar y afinar sus modelos en la infraestructura que responde a las necesidades del negocio o actividad para que los arquitectos puedan construir las aplicaciones. Los arquitectos se encargan de ajustar los flujos de trabajo o los modelos para ponerlos en producción. Todos ellos son empleados actuales a los que simplemente se les da una nueva herramienta con la que mejorar su productividad. Y todos ellos están incluidos en el bucle infinito de mejora constante de la aplicación. Se acelera la difusión de la innovación.

Propongo cuatro «cursos» con contenidos y aplicaciones que aportan un incremento de aptitudes muy concretas. Uno gratis, tres con costes ridículos con respecto al nivel de aptitud que generan. Todos incrementan la empleabilidad. Generan demanda al responder a la oferta y modificarla. Y son divertidos en su fase de formación y sorprendentes en la de aprendizaje.

Existe, debe existir, la opción de acceso a suscripción pro gratuita a todos los educadores y estudiantes del mundo durante un año a herramientas que estén tan seguras de la solvencia de esta. Recomiendo buscar esa opción para el caso de los estudiantes y educadores. Para cuando lleguen al mercado de trabajo, podrían ser parte del 4 % que llevará la difusión de la innovación al primer 5 % necesario para su salto a un nivel masivo.

En el caso de cualquier empleado o jubilado, para empezar a aprender sobre cómo hacer aplicaciones predictivas con ML, le recomiendo que invierta unas horas en aprender a un nivel que se puede denominar de analista certificado en ML.

Los cursos de este nivel preparan a los analistas y profesionales de la empresa para convertirse en los analistas certificados de ML de su organización. No se requiere experiencia previa en ML para inscribirse en este tipo de cursos. Se aprenderá a leer sus datos para entender cuándo y cómo aplicar el ML para ayudar a su organización a aprender a entrenar sus propios modelos de ML desde cero y hacer predicciones con ellos. Fundamental que sea sin necesidad de código, simplemente usando un intuitivo *dashboard*. *No-Code*. Cualquier empleado de cualquier nivel puede hacer este tipo de cursos.

El ingeniero certificado en ML debe estar familiarizado con los conceptos generales de ML y las necesidades y recursos de su organización. Además, algunos conocimientos de programación son necesarios para poder hablar y coordinar con las áreas de IT de la organización. Este tipo de curso es ideal para que los desarrolladores de *software*, integradores de sistemas, personal científico, directivos y mandos medios se pongan rápidamente al día con el aprendizaje automático y su potencial como herramienta.

Aquellos ingenieros certificados en ML que quieran poder estructurar un proyecto de ML de extremo a extremo con la visión global necesaria para conectar todas las piezas de la aplicación de ML para que el proyecto funcione sin problemas, podrán realizar cursos de arquitecto certificado en ML.

Inevitabilidad

Todos los dominios y campos generan inmensas cantidades de datos. Poder usarlos para diseñar políticas que generen nuevos datos en la dirección que se quiere y realimentar el bucle con la dirección de un experto asistido por mejoras infinitas a las políticas. Depender de las cajas negras entrenadas por otros, con tus datos, como el generador de Meta de procesamiento natural del lenguaje, OPT-175B, no es necesario. Es evitable. No dejar que TikTok grabe huellas de voz. Saber entender sus limitaciones, saber cómo funciona, sí.

La empleabilidad debe ser consecuencia del valor de la persona. Es un grumo muy apretado, al originarse en la educación y formación, que parecen corren por un universo diseñado desde intereses en paralelo a la realidad: la riqueza es conocimiento. Una riqueza, sin duda, preferible a la basada en la explotación de la descomposición anaeróbica de organismos muertos sepultados. El valor es servicio ofrecido, no es el precio de las horas aplicadas al trabajo, al cual es indirectamente proporcional, o a la productividad. La ciencia del mercado libre de la naturaleza desigual, irregular, áspera y sin medias, es la prueba más importante de la verdad. Es más o menos el fin de la historia para los académicos, otra vez. Al menos para los que ignoran los mercados funcionales de varios ámbitos, la realidad. El proletario, el que depende de la máquina y no de su aptitud, deja de existir. El incentivo no es sostenible si es evitar castigos normativizados. Este error ha sido repetido por la humanidad con gran solvencia. Es preferible salir del sueño dogmático con elegancia, otra vez.

Una gran idea de las matemáticas es la inversión como método de solución de problemas: en vez de preguntarnos qué debo aprender para ser empleable, preguntémonos qué es lo peor que podemos perdernos aprender para ser, seguro, una carga (por inempleable) para la sociedad[11]. Podríamos estar casi de acuerdo en que la respuesta funcional es cómo usar herramientas digitales.

Aplicar las herramientas a todas esas cosas es el cabo que las une al pensamiento crítico y fomenta la creatividad. Es como aprender el abecedario y a escribir. Con veintidós-veintiocho letras se puede describir todo el conocimiento de la humanidad. Hay que conocerlas, saber cómo funcionan y ayudar a los expertos en cualquier dominio a usarlas. Se incrementa el valor de los expertos con más experiencia[12].

---

11 La más general sería: ¿qué regular para generar inempleabilidad? Desgraciadamente, en Europa no hay gran dimisión porque no hay de qué dimitir. La jubilación demorada es una buena pista. La entropía, la combinación compleja parece generar empleo. ML facilita el traspaso del capital intangible. La tasa de participación en el empleo en EE. UU. se situó en torno al 60 % justo después de la primera ola de COVID; el mismo nivel que tenía a principios de los años setenta, cuando las mujeres se incorporaron a la población activa. Así que alrededor del 40 % de las personas con derecho a ello no están trabajando. Ahora es aproximadamente el 62 %, que es casi donde estaba antes del COVID, y había estado bajando desde mediados de los sesenta. Esto es realmente malo. No se puede conseguir productividad sin que la gente trabaje. ¿Por qué no trabaja la gente? Alrededor del 30 % se debe al envejecimiento de la población, pero el resto, el 70 %, no. Es simplemente que ese 27 % deja la fuerza de trabajo por muchas razones. Necesitamos que la gente sea productiva. Una combinación de conseguir que la gente que debería estar trabajando hoy, y que no lo está haciendo, vuelva a la fuerza laboral, ya que estamos trayendo más jóvenes a través del sistema, educándolos bien y no todos tienen que ir a la universidad. Sería estupendo tener un buen sistema de formación profesional en este país en el que se respetara a la gente por ser fabricante de herramientas o por fabricar cosas.

12 En 2003, la EPA redujo el Valor Estadístico de una Vida o VSL en inglés (Value of a Statistical Life) de los ciudadanos de edad avanzada en EE. UU. para tener en cuenta que les quedaban menos años. Derivó en una protesta pública. Conocido como el «descuento por senectud»,

Además, al crear con las herramientas las consecuencias, no se cae en el error de base y se actúa con las pruebas generadas por la política, no en la política basada en las pruebas.

Es básico que se cubra cuanto antes la necesidad de la sociedad de usar masiva y democráticamente las herramientas que manejan las empresas y los gobiernos más avanzados. Esperar a que el sistema actual capitule sin más es poco probable. Es revolucionario. Nunca un monopolio ha cedido sus retornos extraordinarios voluntariamente. Nadie va a luchar por ti. La que tiene un martillo puede tender a ver demasiados clavos. O usarlo como arma mortal. En el apartado de oferta propongo con mucho detalle un acceso a fuentes de información que minimicen ese mal uso de toda herramienta. Muy relevante: esperar que el mundo público vaya a ayudar es un grumo. En Endogamilandia no van a cambiar los contenidos de los grados a la velocidad necesaria. Están instalados en el dulce deseo de Cervantes: «El tiempo es breve, las ansias crecen, las esperanzas menguan, y, con todo esto, llevo la vida sobre el deseo que tengo de vivir». Ni lo público ni las grandes empresas van a fomentar el *reskilling*. Y no hace falta que el cien por cien de la población sepa hoy cómo manejar los datos con algoritmos. Un uno por ciento especializado ayuda a acelerar la democratización del entendimiento y el uso de los algoritmos empaquetados. La doble especialización es poco probable.

---

el Congreso de EE. UU. tuvo que intervenir y la EPA acabó por dar marcha atrás. Con el COVID-19, la oficina federal de derechos civiles de EE. UU. se aseguró de que no se produjera una protesta, ya que dijo a los hospitales que no discriminaran por motivos de edad, discapacidad, raza o religión. https://www.washingtonpost.com/archive/business/2003/05/13/under-fire-epa-drops-the-senior-death-discount/e14279ed-9109-40e5-998b-fd3a1620799c/.

En realidad, la experiencia indica que poner en marcha E2E simples, es como todo en la vida: El bucle se activa, la automatización automatizará la automatización y el trabajo del humano se dignificará y generará sus propios derechos. He tropezado conscientemente con dogmas de lo políticamente correcto, como la maldad congénita del empleador. Espero que sea útil el golpetazo para aprovechar herramientas que operan a la velocidad de la luz.

Aplíquese, como mínimo, la actual legislación a modo de piloto automático que corrige pequeñas desviaciones, casi siempre provocadas por la fuerte corriente del sentimiento, para que no se compongan geométricamente y acaben provocando un gran error con respecto a la meta. El artículo 40.2 de la Constitución Española recoge que: «Los poderes públicos fomentarán una política que garantice la formación y readaptación profesionales».

CAPÍTULO 13
DIGITALIZACIÓN Y EDUCACIÓN
Llanos Tobarra Abad

Introducción

Desde la aparición del primer ordenador, y sobre todo tras los
últimos meses, en los que hemos sobrevivido a la pandemia
del COVID-19, se ha puesto de manifiesto la necesidad de desarrollar las competencias digitales en todos los ámbitos posibles. Las tecnologías de la información han tenido un gran
impacto en todos los aspectos de la sociedad: hogar, empresas, Administración Pública, etc. Todos ellos, desde la atención
médica hasta el ocio y las relaciones sociales, han tenido que
transformarse adoptando nuevas estrategias tecnológicas. Y,
este nuevo contexto, ha permitido la aparición de nuevas oportunidades laborales, así como la expansión de aquellos sectores
que habían afrontado una transformación digital previa. Sin
embargo, no todos los ámbitos estaban preparados.

Si nos centramos sólo en España, de acuerdo con el INE
(Instituto Nacional de Estadística, 2020) el 99,5 % de los
hogares españoles cuentan con un teléfono móvil, mientras que el 82 % tienen una conexión a Internet dedicada.
Luego vemos que el uso de Internet, y especialmente de los
móviles como dispositivo de navegación, es una práctica ex-
tendida. Sin embargo, el uso de ordenadores personales y
portátiles es menor.

Pero podemos concluir, por los datos anteriores, que nos encontramos en un entorno de alta conectividad digital, donde la mayoría de la población tiene fácil acceso a Internet y a los servicios de comunicación disponibles. Sin embargo, el acceso no implica una formación adecuada en el uso de estas tecnologías, ni ser capaces de reconocer los riesgos que conllevan. De acuerdo con el portal de estadísticas de la Unión Europea (Eurostat, 2021), sólo un 54 % de la población tiene habilidades digitales básicas en 2021. Si miramos a España, este porcentaje es del 64 % en 2021.

Por tanto, vemos claramente la necesidad de incidir en la formación de la digitalización, no sólo creando especialistas, sino como una herramienta transversal que aparece en todos los currículos de aprendizaje. De manera que ya no sólo encontraremos profesionales preparados en las diversas áreas relacionadas con las tecnologías informáticas, sino que otras profesiones deben incluir en sus currículos los nuevos avances tecnológicos existentes para formar a sus estudiantes en nuevas herramientas digitales. Igual que un economista aprendió el uso de la calculadora, ahora es impensable que supere su formación sin programas de cálculos estadísticos y matemáticos, tales como las hojas de datos o los complejos sistemas de planificación de recursos empresariales. Aprender a gestionar no sólo tiendas físicas, sino tiendas *online*, de manera que incluso las profesiones más tradicionales se van adaptando a esta imparable digitalización. En este sentido, hablaremos de una sociedad digital y una economía transformada, que aprovecha las ventajas de la digitalización en todos sus sectores.

Por otra parte, no debemos olvidar que no sólo las profesiones se digitalizan. La propia enseñanza debe afrontar el reto de digitalizarse y transformar el proceso de aprendizaje. Un claro ejemplo es la necesidad de enseñar desde las primeras etapas educativas, sobre la localización de información veraz y de calidad en Internet, complementando al aprendizaje del uso de diccionarios y enciclopedias físicas. Desarrollar el sentido de la discriminación de la información en redes sociales y otros contextos digitales, se ha vuelto una necesidad social. Ya no hablamos sólo de comprender y redactar cartas postales, sino que también debemos formar a nuestros jóvenes en el uso responsable y seguro del correo electrónico. Podemos citar unos cuantos ejemplos más cómo: la administración electrónica, el comercio electrónico, la seguridad... La célebre competencia digital debe ser asimilada e incluida en el currículo educativo en todas sus etapas.

Aprendizaje digital

El mundo digital ha traído consigo ciertos cambios significativos en el proceso educativo. El más relevante es la necesidad de la formación a lo largo de toda la vida de los trabajadores. La constante evolución tecnológica que incorpora nuevos avances en todos los campos hace necesario un constante proceso de aprendizaje. Mientras que en siglos pasados la expansión de cualquier innovación científica se realizaba a lo largo de varias decenas de años, en la actualidad, y gracias a la globalización y el constante acceso a la información, puede ocurrir en apenas meses. Incluso sectores donde parece más complejo la inclusión de nuevas tecnologías digitales han incorporado nuevas herramientas y técnicas informáticas para mejorar su rendimiento: robots asistentes en medicina, imágenes por satélite y predicciones meteorológicas guiadas por inteligencia artificial a la agricultura, o tecnologías tan rompedoras como blockchain para controlar la trazabilidad de la producción de jamones.

Según los datos de la Organización para la Cooperación y el Desarrollo Económicos (OCDE, 2021), un 15 % de los trabajos podrían ser automatizados y un 32 % de los trabajadores podrían encontrarse que sus tareas cambian significativamente. Esto implica la necesidad de profundizar en nuevas competencias que permitan adaptarse a las demandas del mercado.

Y esa exigencia de constante aprendizaje obliga a generar caminos educativos flexibles que faciliten la adquisición de competencias en el nivel de profundidad exigido por el mercado laboral. Así, podemos hablar de los célebres MOOC (Massive Online Open Courses), cursos masivos abiertos y *online*, como una herramienta básica dentro de este aprendizaje a lo largo de toda la vida.

Aunque parezca que son una propuesta educativa novedosa, la idea de este tipo de cursos cortos, de apenas unas veinticinco horas, es una idea que se viene desarrollando desde 2005. Quizás fuera a partir de 2011 o 2012 cuando las universidades se dieron cuenta de su valor y las incorporaron en su catálogo de titulaciones.

Posteriormente, otras organizaciones y empresas han descubierto su valor como elemento formador y mediante alianzas con instituciones educativas y universidades, han llegado a los trabajadores. Cursos rápidos y cortos para iniciarse o profundizar en un tema, una herramienta, una tecnología sencilla…, que facilitan el acceso a nuevas áreas de conocimiento o especializaciones en el área de conocimiento del trabajador.

Dentro del desarrollo de programas de formación en MOOC hay que destacar las diversas iniciativas que intentan reducir la distancia entre la empresa y la universidad.

Mientras los MOOC evolucionaban en sus múltiples variantes (SPOOC, NOOC…), también dieron origen a otra idea orientada a la renovación y formación multidisciplinar de la sociedad: los microtítulos. Agrupando diversos cursos menores, estos ofrecen una ruta de formación flexible, fuera de la regulación, pero permitiendo adquirir las competencias que demanda un puesto de trabajo en un instante determinado.

A raíz de estas titulaciones también debemos hablar de los microgrados. Se trata ya de una formación recogida dentro de las competencias reconocidas institucionalmente, que facilitan una formación multidisciplinar. Sólo cubren algunas asignaturas (no todas) de un grado completo y complementan grados existentes que exigen conocimientos de otras titulaciones y áreas de manera que permiten a una persona formarse en otro concepto fundamental en el nuevo mercado: la multidisciplinariedad.

Realmente, las pequeñas y medianas empresas no contratan expertos tecnológicos para guiar su transformación tecnológica. Suelen subcontratar la implantación de soluciones tecnológicas con un soporte incluido. Luego son los trabajadores los que deben aprender a incorporar las nuevas herramientas digitales en sus procesos. Esta adaptación en muchos casos conlleva la transformación de las responsabilidades del empleado, y la aparición de nuevas responsabilidades. Así, la recepcionista pasa también a tener que gestionar cuentas de correo electrónico y redes sociales, o bien el departamento de ventas debe además gestionar tiendas *online*.

Por último, hay que destacar las tendencias de formación de la sociedad. Mientras que los desempleados en muchos casos centran sus necesidades formativas en la adquisición de conocimientos y habilidades tecnológicas, las personas empleadas suelen dirigir sus intereses a la adquisición de habilidades personales. Hablamos de las famosas *soft skills*, cada vez más en demanda. Trabajo en equipo, pensamiento computacional, resiliencia, liderazgo, etc. son nuevos términos que aparecen como requisitos en los puestos de trabajo.

Es frecuente que, cuando una persona se incorpora a trabajar en una empresa, deba pasar por un proceso de formación para adaptarse a los procesos propios de la empresa. Estas cualidades «blandas», por su parte, se consideraban hasta hace poco innatas en el individuo. Ahora, sin embargo, existe una gran demanda de formación en estos aspectos y es que el hecho de tener una herramienta de webconferencia en la empresa, no facilita en muchos casos el trabajo en equipo. Contar sólo con herramientas sin tener en cuenta estrategias efectivas de uso y conocimientos de etiqueta digital, dificulta enormemente su uso efectivo.

Universidad digital

Todas estas estrategias de aprendizaje orientadas hacia una digitalización efectiva tienen además su desarrollo generalmente en una enseñanza *online*, que facilita el aprendizaje a distancia. De esta manera se ajusta a los horarios y a la disponibilidad de las personas en una sociedad cada vez más ocupada.

La enseñanza *online* tiene grandes ventajas, sin embargo, no podemos olvidarnos de sus dificultades: la frustración, la sensación de aislamiento y el abandono. Grandes retos para las universidades actuales que deben tener en cuenta en su transformación digital y es que no podemos simplemente trasladar la docencia presencial al mundo digital sin más. No se pueden retransmitir clases magistrales por Internet como si el estudiante estuviera en el aula. Exigen nuevas estrategias de formación.

Se puede decir con claridad que la crisis del COVID-19 ha servido claramente como revulsivo en la digitalización de la enseñanza en España. Si nos fijamos en el informe de 2018 realizado por el grupo FOLTE dentro de CRUE Universidades Españolas (FOLTE, 2018), sobre la situación de las tecnologías educativas en las universidades españolas, vemos que por encima del 80 % de ellas incluían un plan de innovación digital en sus agendas. El COVID-19 no ha hecho otra cosa que acelerar estos planes que van más allá de implantar una plataforma de gestión del aprendizaje o de incluir aulas de ordenadores en sus instalaciones.

La transformación digital de la enseñanza, y en especial en las universidades, debe abordarse desde diferentes planos. Lo primero de toda esta transformación es colocar al estudiante en el centro de todas las mejoras.

En primera instancia, es fundamental centrarse en una mayor digitalización y automatización de las tareas administrativas. Describir claramente los flujos de trabajo, buscar la posibilidad de reducción de tiempos mediante la automatización de tareas y reducir la sobrecarga administrativa, son parte de los grandes retos digitales. Muchos estudiantes se sienten perdidos o frustrados en los primeros contactos con las universidades. Es por ello por lo que contar con mejores asistentes virtuales o un sitio web dinámico que se adapte a su visitante facilitan estas tareas. Sin olvidar un constante soporte y seguimiento de su incorporación a la enseñanza.

Pero también debemos tener en cuenta el esfuerzo de ayudar al estudiante en su carrera profesional, de manera que la orientación laboral se convierta en un pilar fundamental que debe evitar el desajuste que podría ocurrir entre la formación y las necesidades existentes en el mercado laboral. Así, en la innovación digital de la enseñanza, es fundamental la detección y el seguimiento de las competencias demandadas en cada momento, ajustadas a las diversas áreas de formación existentes. En este caso, desde los célebres cuadros de tendencias de Gartner hasta la aplicación de la inteligencia artificial, los mecanismos de aprendizaje automático y las técnicas de gestión de big data pueden ser esenciales para demostrar avances en este estudio (Robles-Gómez y otros, 2017).

Esto abre la necesidad de creación de un camino de aprendizaje personalizado y centrado en el estudiante. A partir de su desempeño y sus interacciones con nuestro entorno de aprendizaje, ofrecerles recursos orientados a sus necesidades y que les permitan desarrollar las competencias necesarias, sin olvidar la necesidad de atender a la diversidad funcional del alumnado. Volvemos a necesitar contar con inteligencia artificial y aprendizaje automático para facilitar a los docentes, sobre el diseño instruccional de las enseñanzas, la generación de los distintos caminos de aprendizaje. Junto con la recomendación de cursos, talleres o charlas adicionales que complementen o ayuden al desarrollo de habilidades necesarias.

Vemos que se impone por tanto la generación de contenidos digitales de alta calidad y en diversos formatos, que se adapten a diversas estrategias de aprendizaje.

Pero toda esta transformación no sólo es exclusiva de las universidades orientadas al aprendizaje a distancia. También debe realizarse en universidades presenciales.

Conclusiones

Debemos considerar que ya no existe la posibilidad, para ser un trabajador digital, de estudiar una simple titulación y esperar estar empleados en lo mismo. Los puestos de trabajo evolucionan a la par de la transformación tecnológica de los sectores y es imprescindible una constante formación: desde una buena adquisición de la competencia digital como ciudadanos, hasta conocimientos multidisciplinares relacionados con el área en la que desempeñemos nuestra función laboral. Sin olvidar cultivar habilidades personales muy necesarias para enfrentarnos a un mundo cambiante. Porque el mercado laboral no sólo necesita expertos ingenieros en informática, telecomunicaciones o sistemas de *software*, sino expertos multidisciplinares que saben aprovecharse de las ventajas tecnológicas aplicadas a sus áreas de conocimiento (medicina, agricultura, economía, leyes, etc.).

Pero para ello también es necesaria la transformación de las estrategias de enseñanza de las instituciones y las universidades. Todo ello explotando la gran diversidad existente y la facilidad de acceso a la información para la creación de caminos personalizados de aprendizaje que se adapten a cada persona. Así se incrementarán las cualidades naturales de las personas, pero también se les ofrecerá la posibilidad de adquirir nuevas competencias profesionales.

CAPÍTULO 14
ESCUELAS DE NEGOCIOS Y FORMACIÓN
Nieves Olivera

El mundo pasa por una enorme transición acelerada por la pandemia y caracterizada por la necesidad de reinventarse de forma continua. Este proceso dará lugar a un sistema global digitalizado, sostenible y sobre todo flexible, capaz de adaptarse a cualquier escenario cambiante.

De manera inequívoca nuestra economía y nuestras empresas se verán afectadas y deberán ser capaces de adaptarse a las nuevas circunstancias y sobre todo a los cambios, cada vez más vertiginosos.

En un país como España, donde la pyme tiene un peso específico muy relevante en el conjunto de la economía, el proceso de adaptación cobra especial importancia. No debemos ni podemos permitirnos dejar a nadie atrás; hay que ayudar a las empresas, de cualquier tamaño, a crecer y adaptarse para que dicha transición se haga realidad.

Una de las palancas estratégicas que sin duda ayudará a conseguir dichos cambios es la formación. La necesidad de localizar, potenciar, entrenar competencias y transformar el talento profesional se convierte en prioritaria, pues son las personas las que serán capaces, o no, de llevar adelante un proceso que haga a la empresa evolucionar y adaptarse.

Desde el punto de vista de cualquier entidad formativa, pero especialmente desde el punto de vista de una institución pública, es una obligación ayudar a nuestro tejido empresarial.

En realidad, ya teníamos la necesidad estratégica de apostar por el mundo digital antes de la pandemia, y teníamos parte del trabajo hecho, si bien el COVID-19 nos ha puesto en un punto de no retorno. Su aparición ha venido a acelerar una necesidad a la que tenemos que darle la importancia debida.

Cualquier entidad que quiera asegurar su supervivencia en las próximas décadas o continuar con su actividad a medio plazo deberá tener la capacidad de reaccionar ante los cambios. Experimentará la necesidad de pasar por un proceso de digitalización, que va a afectar a su modelo de negocio, y que implica cambios en la cultura de la empresa, no sólo en los procesos productivos. Se necesitan «nuevas formas de hacer y de liderar equipos» que harán más eficientes las empresas y permitirán a los empleados aportar más valor, al automatizarse muchas tareas que antes llevaban mucho tiempo, como mejorar las ventas, o acercarse más a los gustos y las preferencias del cliente, entre muchos otros cambios.

Alrededor de la digitalización surgen nuevas empresas, nuevos modelos de negocio, procesos, sistemas y perfiles profesionales que tienen que ser capaces de abordar este reto. Existe actualmente un elevado porcentaje de puestos de trabajo sin cubrir, relativos a la Transformación digital y la Sostenibilidad. Ambas son, por cierto, las grandes palancas de ejecución y capacitación de la Escuela de Organización Industrial.

Las soluciones innovadoras tecnológicas vinculadas al desarrollo sostenible tienen un enorme potencial de crecimiento, en especial aquellas relacionadas con la aplicación de las nuevas tecnologías, como el Big Data, el ML o el *Internet of Things* a todos los sectores.

Para acompañar el crecimiento, es necesario disponer de las personas que sepan llevarlo a cabo. Las plantillas pueden aportar conocimiento y experiencia a esta transformación desde todos los niveles de una compañía, y esto obliga a las empresas a disponer de un plan de formación definido y estructurado que adecúe los conocimientos de sus empleados.

No sólo es deber y responsabilidad de las organizaciones. También lo es de las administraciones, de las instituciones educativas y, además, se convierte en una gran oportunidad para las personas que se quieran incorporar al mercado laboral.

En este sentido, el sector educativo juega un papel clave si queremos abordar con éxito el proceso de transformación que tenemos que abordar como país.

Redirigir el talento

Redirigir el talento es posible a través de la formación, de la adquisición de nuevas herramientas, metodologías, competencias y conocimientos, pero también y, sobre todo, necesitamos dar un cambio radical de perspectiva.

Esta cuestión debería abordarse pensando en el corto, medio y largo plazo y contando con cambios en todos los niveles educativos que afectan a la vida de una persona.

El cambio de paradigma debe darse en todo el modelo educativo actual, desde etapas tempranas, para dar mayores oportunidades y herramientas a nuestros hijos, junto con el conocimiento más tradicional.

Las empresas buscarán, cada vez en mayor medida, perfiles transversales, innovadores, resolutivos y con capacidad de adaptación; debemos adelantarnos e incorporar estas competencias a etapas escolares más tempranas.

Seguimos con el auge de la formación profesional, que coge carrerilla y pasa a jugar un papel fundamental, con estudios profesionales muy ligados a la realidad del mercado de trabajo, gracias a su vertiente práctica y su cercanía a la empresa y con una amplia oferta enfocada a la cualificación y recualificación de la población activa.

La formación superior universitaria debe también ajustar sus contenidos y metodologías a la realidad del mercado. Debe adaptar y crear nuevos perfiles curriculares, con mayor cercanía a la realidad del mercado laboral y a las necesidades de las empresas. También amerita destacar la necesidad de buscar referentes para que nuestros jóvenes puedan identificar cuáles son las claves del mundo laboral, cuáles son los empleos futuros con más salidas, proyección y desarrollo.

En el corto plazo, podemos avanzar de una manera ágil, desde la formación continua y la recualificación de los profesionales o, si lo prefieren los lectores, del *reskilling* y *upskilling* de los que tanto se habla estos días. Aquí las universidades, la formación profesional y las escuelas de negocio juegan un papel fundamental.

Es curioso cómo dos vocablos anglosajones vienen a recordarnos la necesidad de formarnos de forma permanente y continuada en el tiempo, como si fuera un hallazgo novedoso. Ya en tiempos de Aristóteles, él mismo afirmaba que «somos lo que hacemos repetidamente. La excelencia, entonces, no es un acto, es un hábito».

Podemos ver claramente la idea de la formación continua en esta frase, ya que necesitamos entrenar de forma reiterada nuestras competencias para adaptarlas o modificarlas, para, en definitiva, alcanzar en cada momento la excelencia.

Se impone la necesidad de procurar una actualización constante de contenidos académicos y metodologías de enseñanza, junto con la concienciación de que deberemos formarnos de manera continuada a lo largo de toda nuestra vida profesional, adaptando y entrenando competencias que se han vuelto necesarias para la empleabilidad y que son demandadas por todos los sectores productivos.

Competencias digitales, sostenibles, innovadoras, de emprendimiento, de liderazgo, analíticas, resiliencia, que se convierten en transversales a cualquier ámbito profesional, social y también educativo.

Sin duda, la formación, especializada y a la vez transversal, de los profesionales llamados a incorporar la innovación tecnológica en sus organizaciones será una de las claves más importantes para garantizar la transformación de nuestra economía.

En mi opinión, hay otro concepto que debería incorporarse en las primeras filas de cualquier catálogo de competencias esenciales para la gestión de una empresa. Dicho concepto es la reinvención, que sugiere ir un paso más allá de la resiliencia, y que irá ligada inexorablemente al liderazgo, a la innovación, al emprendimiento y al auge del intraemprendimiento. También a la digitalización, como parte del proceso de adaptación, y que puede llegar a hacer sostenibles muchos modelos de negocio actuales.

Desde el punto de vista de una fundación del sector público enfocada a la formación del talento en materias como la digitalización y la sostenibilidad, y la gestión innovadora que ayuda a las empresas a ser más competitivas. Esa apuesta por la formación continua a lo largo de toda la vida profesional es más necesaria que nunca. Incluso hará que, en un futuro, ese cambio de paradigma en el sector educativo del que hablábamos al principio se haga realidad y sea más completo y flexible.

Algunos autores comparan la obsolescencia programada con la obsolescencia educativa y la importancia del aprendizaje continuado: por ejemplo, los estudios universitarios de hace en torno a veinte años tenían una duración viable en el plano profesional de otros quince a veinte años, antes de tener que volver a pasar por las aulas para refrescar conocimientos.

También explicitan que, hoy día, esa duración es de en torno a unos cinco años, por lo que un alumno de grado, al terminar sus estudios, necesita volver a pasar inmediatamente por las aulas para actualizarse.

Quizá pueda parecer exagerado, pero ese cambio de paradigma futuro nos obligará seguramente a pensar que pasaremos toda la vida formándonos, quizá menos tiempo cada vez, de manera más concreta o especializada en materias, competencias, tecnologías, sectores y/o tareas, pero, desde luego, lo haremos más a menudo y de forma continuada en el tiempo.

Todas las instituciones que nos dedicamos a enseñar y formar también tendremos que estar en continua adaptación, igual que les pedimos a las empresas. Por lo tanto, debemos ajustar nuestros contenidos y sacar otros nuevos.

La academia, en todos sus niveles, debe escuchar a la empresa para ajustar sus programas. Por su parte, las empresas deben analizar los perfiles que necesitan y apostar por el talento interno de sus compañías, a quienes pueden actualizar mediante formación especializada en los intereses y las necesidades que surjan y se requieran en cada momento.

Se debe extender la colaboración público-privada y la integración de todos los actores participantes para que la ecuación funcione. Academia, alumnos, empresas y Administración Pública deben estar en permanente contacto e ir de la mano para que la apuesta formativa que garantice la transformación exitosa cuente con todos y sirva para todos.

¿Por qué hay muchas grandes empresas que directamente montan sus propias áreas de formación interna? ¿Está el conocimiento actual y más avanzado o especializado en las empresas y no en las instituciones formativas? ¿No encuentran en el mercado perfiles formados para lo que realmente necesitan? ¿Conocen realmente las empresas las mejores metodologías de aprendizaje?

Todas estas cuestiones nos llevan a pensar que la academia y la empresa deben estar más unidas, hablarse y escucharse, incluso trabajar de la mano para conjugar formación, practicidad y empleabilidad.

Hay que poner de manifiesto el papel importante y crucial que pueden jugar las escuelas de negocio españolas en ese paradigma del cambio y en esa necesidad de caminar hacia una transformación digital y sostenible.

Hablamos de un sector creciente y pujante no sólo a nivel nacional, dado que la referencia en rankings de todo el mundo de muchas escuelas españolas es cada vez mejor.

Fuera de las ataduras propias de los sistemas de calidad actuales, necesarios por otra parte y que atañen a todas las instituciones, la flexibilidad para poder adaptar programas, contenidos y metodologías se convierte en un activo de un sector que está acostumbrado a dichos cambios y es capaz de adaptarse frente a la incertidumbre.

Así lo ha demostrado con la pandemia. Tras ella, se abre un nuevo camino a programas especializados y muy ajustados a las necesidades de cada instante, poniendo en marcha programas en abierto, tanto generalistas como especializados, que ya incorporan de forma transversal temas tan acuciantes como la digitalización y la sostenibilidad. Una de las ventajas que incorpora este tipo de programas es la posibilidad de compartir experiencias entre profesionales de otras empresas y cómo se hace frente a los retos desde sectores diversos.

También hay soluciones a medida para solventar necesidades específicas de cualquier empresa o sector. Programas que se trabajan de la mano de la propia empresa y enfocados a ajustar procesos, a diseñar y seguir hojas de ruta hacia la necesaria digitalización, que hagan sostenibles los negocios y la economía a largo plazo, sin perder de vista todos aquellos aspectos de gestión que siempre hay que mejorar.

La digitalización es cada vez más rápida, nos obliga a adaptarnos y readaptarnos cada vez con mayor frecuencia. Por eso es necesaria una formación práctica, capaz de ser implementada en la empresa al día siguiente de pasar por el aula. Pero, además, nos ofrece una oportunidad única para ser mejores, más eficientes, más sostenibles, nos permite adaptarnos a los nuevos tiempos y estar siempre en marcha, como esgrimía Aristóteles. Para alcanzar el éxito, sólo será necesaria la continua adaptación y formación de las personas: las auténticas protagonistas del cambio.

CAPÍTULO 15
EL VERDADERO PROPÓSITO DE LA FORMACIÓN EN LA TRANSFORMACIÓN DIGITAL

Pilar LLácer

La formación siempre ha sido necesaria para la evolución y adaptación a los entornos cambiantes. Sin embargo, si no va ligada a un aprendizaje y a una transformación en la manera de hacer las cosas, es como las dietas milagro, que no sirven para nada. En una realidad que nos dicen desde hace años que es volátil, cambiante, compleja y ambigua y, además, y por si no tuviéramos suficiente, muy digital, la capacidad de aprendizaje se tiene que multiplicar de manera exponencial. La tecnología no sólo son las herramientas ni algoritmos que nos hacen la vida más fácil. El ser humano es digital desde que coge la primera piedra para hacer fuego, y eso sucedió hace muchos años. Al igual que el teletrabajo, que se inventó en 1973, hace ya la friolera de cuarenta y nueve años. Jack Nilles, físico de profesión y exingeniero de la NASA, sentó las bases del trabajo en remoto. En plena crisis petrolera en los Estados Unidos, Nilles buscaba reducir los desplazamientos al trabajo para disminuir la contaminación ambiental y los problemas con el transporte. Su propuesta fue crear el *telecommuting* como una alternativa a la movilidad, «llevar el trabajo al trabajador y no el trabajador al trabajo» (como nos resuena el ODS 13 Acción por el clima, palanca que cambiará el mercado de trabajo tal cual lo conocemos); sin embargo, en ese momento no se contaba con los medios tecnológicos suficientes para su desarrollo. Han transcurrido más de cuarenta años y, a pesar de estar en la cuarta revolución industrial y presentar muchos beneficios, esta práctica no se había extendido, y en España menos.

Desde hace más de veinte años, el impacto de la tecnología y el cambio climático, junto con la globalización de la economía, han provocado una revolución de los entornos laborales. Empresas con menos de treinta años de vida (Google, Apple, Amazon, Netflix, Airbnb, Meta, Tesla…) generan nuevos puestos de trabajo en los que las competencias digitales son críticas. La capacidad de aprendizaje constante se ha convertido en la competencia más demandada en los últimos cinco años. Pero la tecnología ha impactado de lleno en nuestras habilidades y vamos a necesitar *intensificarlas* en su grado. No sólo necesitaremos «adaptación al cambio», sino una adaptación al cambio constante, con visión y en permanente estado de alarma. Sólo así sobreviviremos en mercados de trabajo VUCA. Lo que realmente cambia la tecnología no es la sucesión de herramientas, sino nuestra manera de ser y estar en el mundo. Algo muy *filosófico*, que a menudo se olvida. La inteligencia artificial, el *cloud*, el Internet de las Cosas, y ahora, cómo no, el metaverso, nos llevan a un universo en el que estaremos perdidos si no lo comprendemos y sabemos interpretar. Y en eso consiste el verdadero *propósito* de la formación, aprender no sólo para llenar una mochila de información sin sentido, sino para transformarse y construir una sociedad más justa para todos. La formación no sólo tiene un fin individual, que nos permite tener empleabilidad sostenible a lo largo de toda la vida profesional, sino que contribuye a generar modelos de negocio que crezcan de manera exponencial y que generen nuevas oportunidades de trabajo que reduzcan la desigualdad. Las empresas lo deberían tener claro, y tener bien formada a la fuerza de trabajo debería ser la prioridad. Y aquí viene una de las grandes cuestiones: ¿nos formamos en las necesidades del presente o en las certidumbres que ya sabemos sobre el futuro del trabajo? La anticipación a lo que viene es clave no sólo para ser atractivo a un mercado que cambia muy rápido, sino sobre todo para ayudar a las organizaciones en sus procesos de innovación y adaptación a unos hábitos de consumo que varían vertiginosamente.

¿Competencias digitales o actitud digital?

De la necesidad de formarse en competencias digitales se ha hablado mucho, y me recuerda a la operación bikini de todos los años: se sabe que hay que hacerlo, pero a menudo no se cumple. ¿Qué son exactamente esas habilidades? Muy simple: aquellos conocimientos, competencias y valores que nos ayudan a entender un mercado de trabajo que no se comprende sin el apellido digital. El marketing, el comercio, los recursos humanos, la logística, las finanzas ya son digitales, lo que significa que cada tarea y funciones de todas las posiciones quedaron ya impactadas por el meteorito digital, aunque pareciera que nos hubiera llegado de golpe con el COVID-19. Si algo tenemos claro, es que el futuro del trabajo nos presenta dos certezas que van a determinar la dirección y el sentido del empleo. Estamos en pleno proceso de transición digital y energética. Y este cambio va a impactar en todos los sectores y en todos los puestos de trabajo. ¿Cuántos años llevamos escuchando el número de posiciones que se van a crear y destruir por el impacto de la tecnología? Se siguen abriendo fábricas... pero muchas de ellas ya están robotizadas, y los hábitos de consumo de los empleados, clientes y sociedad ya han cambiado. Si una fábrica se automatiza, no sólo se necesitarán operativos con competencias digitales para manejar robots, sino que también se requerirán otro tipo de funciones para mejorar los procesos de digitalización. El trabajo, en su modo de realizarse y contenido, ya había cambiado antes de la pandemia. De hecho, siempre está en constante transformación por la incorporación de la tecnología, ya desde la primera revolución industrial. El trabajo, como la energía, y a pesar de todos los apocalípticos, ni se crea ni se destruye, sólo se transforma, y ahora, muy rápido.

Comenzamos este capítulo preguntándonos el *propósito* de la formación en la transformación digital; seguramente te hayas hecho esta pregunta muchas veces. Dependiendo de la edad, la respuesta será diferente. Los *baby boomers* y la generación Z crecieron con el mantra de una formación y un trabajo para toda la vida. Sin embargo, esta ecuación ya no funciona en un mercado de trabajo que cambia muy deprisa. El aprendizaje constante y con foco es la palanca clave que no sólo permite una empleabilidad sostenible (aquellos conocimientos, competencias y valores que te hacen atractivo para las empresas en el corto, medio y largo plazo), sino, sobre todo, para los jóvenes y los séniores, su posibilidad de acceso más o menos rápida al empleo, impactado, como ya hemos hablado, por dos transiciones, la digital y la energética. En España, con más de un 40 % de paro juvenil, la formación con foco hacia las posiciones más demandadas debería ser un imperativo legal. Si las que tienen más ocupación están relacionadas con la transformación digital, ¿no sería lógico que jóvenes y séniores en procesos de reciclaje profesional se formaran en competencias digitales? Todas las grandes empresas se han dado cuenta, algunas más tarde que otras, y están realizando procesos de *reskilling* y *upskilling* de su fuerza de trabajo en esa dirección. Sin embargo, recordemos que estamos en un país de pymes, más pequeñas que medianas, y que sólo el 30 % tenían página web a finales del año 2019. Por otro lado, estamos ya inmersos en un nuevo sistema económico que afecta a la sostenibilidad del planeta y a la explotación de los recursos naturales. La economía circular es un modelo de producción y consumo que implica compartir, alquilar, reutilizar, reparar, renovar y reciclar materiales y productos existentes todas las veces que sea posible, para generar más valor añadido. Y este sistema implica una reinvención profesional constante, donde la capacidad de aprendizaje y el pensamiento crítico serán las competencias clave. La sociedad ya no admite un modelo de crecimiento que no esté alineado con los objetivos de desarrollo sostenible (ODS), diecisiete metas que guiarán la estrategia empresarial con todos los agentes de interés. Por ese motivo, más allá de las competencias digitales, se requiere tener actitud digital, esa curiosidad por aprender y adaptarse a un mundo con muchas incógnitas por resolver.

La formación siempre tiene que ser una variable constante y con foco

Uno de los errores habituales relacionados con la formación es adquirir conocimientos sin visión. ¿Para qué te vas a formar en algo que tenía demanda en el pasado y en el presente, pero no en un futuro que se acerca cada vez más deprisa? Nos puede apasionar el *marketing offline*, pero sin el ingrediente de digital, no va a darnos empleabilidad, y tampoco nos va a permitir adaptarnos a un entorno digitalizado. En

España, además de liderar el ranking europeo de desempleo año tras año, tenemos algunas características que nos hacen más vulnerables en el mercado de trabajo:

- Falta de alineación entre los planes de estudios y las profesiones más demandadas. La escasez de talento dejará sin cubrir 3,5 millones de empleos en el ámbito de la ciberseguridad en los próximos años.
- Gran aversión a cambiar de empresa. Los *millennials* parece que menos, pero el resto de las generaciones mayores de cincuenta años siguen con la filosofía de «una empresa para toda la vida». Esto provoca que no estemos preparados para un despido. «Cómo me van a despedir a mí, con lo bien que trabajo, si nunca me quejo…». La formación con foco es la palanca que permite una incorporación más ágil al mercado.
- Y, por último, y no menos importante, falta de preparación para un cambio de empleo, tanto de sector como de posición. Si trabajo en *marketing*, cómo cambiar a recursos humanos o de un sector a otro distinto. Y esto sólo se consigue gracias a la formación y la actitud digital de la que hablamos anteriormente.

La formación tiene que ser un proceso constante y con foco en la empleabilidad. Y si ya tenemos alguna pista sobre el futuro del trabajo, sabremos qué aprender y, sobre todo y más importante, qué desaprender. Sin embargo, comenzar a deshacerse del pasado es muy difícil, es el territorio de la experiencia, de lo que ha funcionado o no. Escenario de lo conocido y de la comodidad. Por ese motivo, para todos los profesionales, el verdadero talento que necesitamos es el que enfoca todo el esfuerzo en el presente y futuro, en una certidumbre en la que son necesarias diferentes habilidades, más allá de la resistencia o excelencia. Aferrarse al pasado, a lo que conocíamos, a lo que sabíamos cómo cierto, a lo experimentado, a la zona de confort, a lo seguro, ya no es sostenible. Ni siquiera nos sirve para un corto plazo, así que como para pensar a medio o largo. Las circunstancias cambian rápido. Sólo tenemos luces cortas. La formación es la que nos da esa visión a medio y largo plazo, esas luces largas que permiten vislumbrar un camino cada vez con más curvas. La formación permite saber cómo interpretar las circunstancias, adecuando la velocidad a cada situación. Ahora es el momento de pensar en el presente y en un futuro que se acerca con una velocidad aterradora. No lo dudes, por muy doloroso que sea, hay que dejar de mirar al dulce pasado y abandonar aquellas batallas que no se puedan ganar con los conocimientos y las competencias de otra época.

Reinvención profesional, *reskilling* y *upskilling*

La reinvención profesional es un proceso evolutivo o de cambio, voluntario u obligatorio, al que se enfrentan los profesionales de cara a adaptarse a los cambios de su entorno. Según el artículo publicado por la auditora Ernst & Young (EY), «Las empresas españolas frente a la revolución del reskilling», en septiembre de 2020, definen este término como el aprendizaje de nuevas habilidades y nuevos conocimientos que capacitan a una persona para hacer un trabajo diferente al que venía haciendo hasta el momento. Mientras que el término *upskilling* hace referencia a la adquisición de nuevas capacidades que permiten a la persona seguir haciendo el mismo trabajo que hacía hasta ahora, sólo que de otra manera, ya sea por cambio de tecnología, los métodos de trabajo u otras circunstancias.

Es necesaria la reinvención a través de la formación porque el trabajo, los negocios, la forma de consumir, ya cambiaron. La palabra «reinventar» aún no está siquiera en el diccionario de la lengua de la Real Academia Española. Pero no nos quedemos sólo en la discusión metafísica. Sabemos lo que tenemos que hacer para tener una empleabilidad sostenible y no lo hacemos o sólo nos ponemos a ello cuando la situación es límite, como en un proceso de búsqueda de empleo o cambio profesional. Reinventarse es muy difícil, pero más todavía si uno no lo ha practicado nunca. Hay tres variables por las que va a ser imprescindible llevar a cabo este proceso: sectores obsoletos, posiciones desgastadas sin competencias digitales y el emprendimiento. Si trabajas en el sector del turismo, ¿cómo vas a cambiar al sector tecnológico? Si trabajas como director de oficina de un banco, ¿cómo vas a convertirte en experto en ciberseguridad? Si tienes más de cincuenta años, ¿qué crema formativa vas a utilizar para volverte atractivo para las empresas? Si nunca has vendido, no te has preocupado de la marca personal en redes sociales y no tienes competencias digitales, ¿cómo vas a ser emprendedor? La reinvención es un viaje largo, en el que abundan las aventuras adversas y favorables al viajero y que exige mucha voluntad y pasión, pero sobre todo, muchos conocimientos relacionados con los nuevos hábitos de consumo. La transición digital y energética va a condicionar radicalmente el mercado de trabajo, impulsando sectores nuevos y modificando profesiones tradicionales. Se están acelerando los procesos de automatización, lo que implica una reconversión de la fuerza laboral. Pero, sobre todo, lo que ha cambiado son los modelos de trabajo, mucho más dinámicos, que necesitan de profesionales que emprendan y comprendan no sólo el presente, sino el futuro de los negocios.

Formación, la clave para la empleabilidad sostenible

Partiendo de la hipótesis de que a nadie le gustan los cambios, es importante concienciarse cuanto antes de que el mundo del trabajo ya se ha transformado, y que, si no hacemos nada para prepararnos, tropezaremos con el desempleo una y otra vez y sumaremos una sombra más a esa temida lista de parados. Hay un ejercicio muy sencillo que nos indica si nuestro puesto y las funciones que desarrollamos tienen demanda en el mercado de trabajo. Busca ofertas de trabajo con el título de tu puesto actual («técnico de selección», «contable», «administrativo», *coach*, «experto en comercio electrónico», «responsable de ciberseguridad», «cajero» o «director de hotel»). Si el resultado de la búsqueda es positivo, el cambio será más o menos fácil. Aquí entrarán en juego variables como la edad: si eres joven y no tienes experiencia o si eres mayor y tienes demasiada experiencia para el puesto. Otra variable, como el género, puede condicionar el destino por la tradición en sectores como logística, transporte y construcción, de alta demanda actualmente, o el sector sanitario. Si, por el contrario, desarrollamos unas funciones que no tienen demanda o se van a automatizar, es bueno seguir algunas indicaciones que nos van a llevar al punto de destino.

1. Estrategia de búsqueda. El primer paso no es formarse, sino observar. Es un gran error pensar que sólo con una formación vamos a obtener un nuevo trabajo. Lo primero que tenemos que saber es qué posiciones demanda el mercado y qué sectores son los que están generando empleo a corto y medio plazo. A partir de ahí, será necesario adquirir los conocimientos y las competencias más adecuados que nos permitan cambiar de trabajo con facilidad.

2. Ser atractivos. El segundo paso no es formarse, sino trans-formarse. El hábito del aprendizaje tiene que ser constante y dirigido hacia la empleabilidad. Nos formamos no sólo para tener una línea más en nuestro currículo, sino para ser profesionales con empleabilidad sostenible, es decir, tener los conocimientos y las competencias que nos hacen ser siempre atractivos en un mercado de trabajo cambiante.

3. Marca personal. El tercer paso es mostrar todo lo que sabemos hacer y, para eso, no sólo hace falta ser experto en redes sociales, que también, sino saber contar la historia de nuestra propuesta de valor, es decir, lo que nos hace diferenciales en un mercado con muchos competidores. No vas a destacar si eres analítico, si sabes gestionar bien equipos, si tienes liderazgo. Te van a buscar por ser diferente a lo que millones de candidatos como tú escriben en la hoja de vida o en su perfil de LinkedIn (la búsqueda de un *coach* arroja más de seis millones de resultados...). Saber contar en un minuto por qué somos el candidato para un puesto es tan difícil como saber enamorar: requiere estrategia, perseverancia y, sobre todo, ¡¡¡mucha práctica!!!

Y llegamos al punto de destino, el más importante, porque es el trabajo del futuro, no el lejano, el que está por venir y ha de suceder con el tiempo, el que todavía no es, pero va a ser y sólo va a depender del esfuerzo con una formación adecuada y con foco. El 65 % de las profesiones que se desarrollarán en 2030 aún no existen, según asegura el Foro Económico Mundial, y tenemos la responsabilidad, como sociedad, de formarnos en la dirección adecuada para un futuro del trabajo que, en muchos sectores y posiciones, ya es presente. Esto implica que todos y cada uno de los profesionales, de todas las generaciones, adaptemos de forma constante nuestras funciones y competencias, no sólo para tener una *empleabilidad sostenible,* sino para crear una sociedad más justa. Según el principio de causalidad, todo cambio ha de tener una causa. Deja de buscar motivos y comienza YA a pensar en la formación como una de las claves de la empleabilidad sostenible.

CAPÍTULO 16
NUEVOS PERFILES PROFESIONALES Y FORMACIÓN
JOSÉ JOAQUÍN FLECHOSO

No descubrimos nada nuevo si decimos que en la era digital los directores de recursos humanos han debido de modificar los criterios en la selección de personal. Uno de los más evidentes cambios, aunque ciertamente circunstancial, es que ha habido que adaptarse a las nuevas condiciones que ha impuesto la pandemia. Muchos de estos vienen marcados por la transformación digital, donde perfiles que encontramos ahora, hace tres o cuatro años no existían. Los nuevos tiempos han demandado métodos de reclutamiento más agiles y transparentes. El gran reto, por tanto, viene marcado por cómo se adaptan candidatos y gestores de recursos humanos al modelo digital. El COVID-19 ha traído consigo que factores como la resiliencia, la adaptación al cambio o el aprendizaje hayan tomado un protagonismo notable para los reclutadores de personal, alcanzando una valoración muy superior a la que tenían antes de la pandemia, y donde el compromiso ha sido uno de los elementos más valorados durante el confinamiento.

La era digital ha puesto de manifiesto que, en igualdad de titulación o conocimientos, el factor diferenciador y determinante para la elección de un candidato pasa por la valoración de sus *soft skills*, destacando el pensamiento crítico, la capacidad de innovación y creatividad, la adaptación a los cambios, o el permanente interés por el aprendizaje como determinantes en la selección de un candidato. Aquellas compañías que hayan sido capaces de mantener el *engagement* con sus empleados y transmitir una imagen de marca solvente y sólida, han salido reforzadas tras la pandemia. El enorme esfuerzo que nos sometió la digitalización de emergencia fue un reto apasionante y extraordinario, donde hubo que improvisar, en muchos casos, una masiva deslocalización de personal.

Tras el COVID-19, el reto es adaptarse y trabajar para liderar el cambio digital, fomentando la innovación en los equipos.

El modelo híbrido se ha impuesto, con el consiguiente cambio de metodología y de las relaciones laborales. El talento se ha convertido en elemento diferenciador y las empresas están focalizando su estrategia en cómo desarrollarlo. Debe emerger, potenciarse y ser capaz de retenerlo y consolidarlo, porque el talento es, sin duda, un valor en alza. Cuando el talento encuentra talento, el talento crece. Cuando el talento no encuentra alimento, el talento se oculta... o se va. Cada vez es más evidente que la gente no quiere regalar talento si no es reconocido. Cada generación tiene algo que decir en cuanto al formato del talento que produce y esto nos lleva a preguntarnos: ¿coincide la oferta con la demanda? Pues... no del todo. También hablamos de captación de talento por parte de las empresas, pero antes de determinar qué talento necesita una empresa, necesita conocerse a sí misma, es decir, tomar consciencia de su verdadera cultura, de sus mecánicas, su desarrollo y también de sus límites. Sólo cuando tome consciencia de su *ser*, podrá entender lo que necesita.

Hoy en día el talento no se mueve exclusivamente por seguridad en el empleo, pues ante todo se buscan oportunidades de aprendizaje y de desarrollo en empresas con una reputación contrastada. Hace años, uno de los principales factores para cambiar o quedarse en su puesto de trabajo era la relación con el superior. Hoy en día, este factor es casi irrelevante. La estabilidad en el trabajo ya no es un hecho capital. Datos aportados por LinkedIn, según un estudio propio de 2021, dicen que más del 50 % de los profesionales registrados en la red social están abiertos a cambiar de trabajo y sólo el 15 % tiene poco o ningún interés en cambiar.

Las nuevas generaciones quieren empresas cuya estrategia y objetivos empresariales estén en sintonía con su desarrollo profesional. Su compromiso y motivación será posible mientras converja con su proyecto personal y sus valores. En las competencias transversales, los expertos en recursos humanos otorgan valoraciones más altas a los jóvenes cuando conceptualizan el talento. Los *headhunters* del futuro actuarán como un *trader*, pero en lugar de valores bursátiles o energía, lo harán operando con talento.

Reestudiar los perfiles

Todo ha evolucionado, y las nuevas demandas laborales buscan nuevos perfiles para configurar las bases del reclutamiento. Pero la experiencia en un puesto similar, los conocimientos técnicos en el mismo sector y el dominio fluido del inglés son los tres aspectos más recurrentes exigidos en las ofertas de empleo, debido a que muchas empresas no encuentran candidatos suficientes con dichas competencias en conjunto. Pero no debemos olvidar el creciente protagonismo de habilidades transversales que se demandan y que también influyen a la hora de encontrar perfiles adecuados, tales como la capacidad para resolver problemas, de organizar y gestionar proyectos, las competencias comunicativas e interpersonales y las ya mencionadas *soft skills*. A menudo vinculamos el conocimiento con la creación de valor, y el Catálogo Nacional de Cualificaciones Profesionales (CNCP) no recoge este último concepto. Esto conlleva plantearnos la siguiente pregunta: ¿qué potencial existe para desarrollar entre los trabajadores las competencias que les faltan?

Las competencias vienen asociadas a la formación como principal herramienta para mejorar sus conocimientos, pero también interviene el hecho de incorporar una actitud positiva y una fuerte motivación bidireccional (empresarios-trabajadores), algo que se debe retroalimentar. La motivación laboral incluye aspectos tanto cuantitativos, como las mejoras profesionales y salariales, y cualitativos vinculados al crecimiento personal y profesional. La motivación empresarial redunda en mayores logros al contar con una plantilla más cualificada, que aumenta los niveles de competitividad.

Siempre es difícil discernir si la motivación debe ser un valor endógeno de los trabajadores (automotivación) o exógeno y exigible a los empresarios o empleadores. En la función pública es el propio funcionario quien debe automotivarse adquiriendo nueva formación para optar a puestos de nivel superior. En el sector privado es más viable desarrollar competencias, pero es imprescindible que el empresario sea el motor de la motivación, donde intervengan tanto el *reskilling* **como el** *upskilling*. La oferta formativa, tanto pública como privada, es cada vez más amplia y permite ambas posibilidades para adaptar a la plantilla a las nuevas exigencias.

La búsqueda del perfil del líder digital

Hoy en día no se concibe el talento sin valorar el liderazgo, pues en los nuevos tiempos liderazgo y digitalización son dos palabras que forman un maridaje imprescindible en los tiempos que vivimos. Para liderar transformaciones digitales, los líderes también deben transformarse y, aun así, no todos se hacen la autoevaluación necesaria. Se invoca la transformación digital como el remedio para no perder el tren de la modernidad, pero se hace exclusivamente en términos tecnológicos, olvidándose de que para que esto sea posible, se necesita contar con líderes digitales.

Para liderar en la era digital hay que evaluar parámetros tales como el cociente intelectual o de inteligencia (CI), el cociente emocional (CE), que define la capacidad de identificar y administrar nuestras propias emociones y las de los demás, y también uno menos conocido, como es el denominado cociente de adversidad (CA) que mide la resiliencia humana y la capacidad para afrontar las adversidades. Un alto CA es fundamental para el liderazgo digital, porque la transformación digital rompe muchas de las reglas establecidas y exige cambios disruptivos.

Se hace imprescindible aumentar la resiliencia en situaciones de alta presión, como las que nos ha tocado vivir con la pandemia. A los líderes digitales se les va a exigir estar preparados para visualizar lo positivo y lo negativo, estar preparados para el éxito y aprender de los fracasos.

Desarrollar CA se hace por tanto imprescindible. Vivimos cambios inesperados que ha habido que asimilar con urgencia, exigidos por la crisis derivada del COVID-19, y esto obliga a plantear diferentes desafíos.

Los líderes digitales nunca consideran que lo digital sea el resultado.

Lo digital es sólo una herramienta, es sólo un medio para transformar un modelo, adaptándolo y mejorando la eficiencia de los procesos. Nadie se digitaliza sólo para ser digital, como nadie se transforma sólo para transformarse. Se hace imprescindible definir y articular claramente el motivo de la digitalización. Es necesario poner en valor, ahora más que nunca, las mencionadas *soft skills*, verdadero punto angular para compatibilizar perfiles en un entorno digital, pues del buen uso de ellas depende la cohesión de los equipos, donde el líder digital es algo más que un simple jefe. El líder digital nace, sin duda, pero también se hace, demandando nuevas figuras imprescindibles para ser parte del engranaje de un nuevo país.

Los perfiles sénior y júnior en el mundo digital

En esta nueva redefinición de perfiles, cobra especial importancia la empleabilidad y recapacitación profesional de aquellos que están en una edad intermedia y deben readaptarse al nuevo modelo exigido por la digitalización. El tema de la edad se ha convertido en protagonista destacado no sólo en tiempos de crisis como los actuales, sino también en los de bonanza. Los llamados séniores son cada vez más jóvenes y son firmes candidatos para enseñarles la puerta de salida. Algunos optimistas dirán que este pasado 2021 es la primera vez que se ha creado empleo en los mayores de 50 años, ¿pero estamos ante un cambio de ciclo? Nada más lejos de la realidad. La pandemia trajo consigo en 2020 una gran destrucción de empleo y, al tocar fondo, es muy fácil crecer. En los últimos diez años se han destruido de forma sistemática un millón de empleos de mayores de 50 años y, si analizamos la cifra incluyendo a los que superan los 45 años, estamos en 1,2 millones. Otro dato para tener en cuenta es que el 40 % de los mayores de 40 años tienen muy pocas posibilidades de encontrar empleo en menos de un año. En muchos casos se apela a la transformación digital como una de las causas de despido, pero hay una evidencia incuestionable y es que la formación de los empleados se interrumpe pasados los 45 años, con lo cual, sin formación y como cada vez se demandan más capacidades digitales, el panorama se torna muy pesimista y nos induce a formular la siguiente pregunta: ¿qué papel deben jugar las empresas en el aspecto formativo para evitar este drama? Pueden y deben jugar un papel muy importante, pues queda contrastado que es más barato reciclar a quien conoce la cultura de la empresa, que traer a una persona ajena a la compañía. La cultura anglosajona es mucho más consecuente para con sus séniores, pues valora su experiencia como un importante activo.

España debe cambiar su modelo en favor de la integración laboral de todos los colectivos afectados por la digitalización como los séniores, anteriormente argumentado, pero tampoco debemos olvidarnos de los jóvenes, gravemente afectados por la crisis. La pandemia ha traído una «digitalización de guerra», pues había que crear una alternativa que no pusiera en peligro todo el sistema productivo. Pero ante esta emergencia, los jóvenes, un colectivo de nativos digitales en su gran mayoría, han sido curiosamente los que más han sufrido su incorporación al mercado laboral. Esto nos lleva a plantearnos la siguiente reflexión a modo de pregunta: si los júniores tienen capacidades digitales sólidas, ¿por qué es tan complicada su empleabilidad? La respuesta encierra una clave, pues ahora más que nunca, es fundamental formarse en las *soft skills* más demandadas.

Los jóvenes entran en un proceso de constante aprendizaje: máster, idiomas, programación…, pero nadie les dice cómo deben adquirir esas habilidades complementarias de tan vital importancia. Aparte de la inquietud de aprender constantemente, tener la capacidad de adaptarse a todo tipo de situaciones es más necesario que nunca. Las organizaciones necesitan trabajadores ágiles y flexibles, capaces de hacer frente a los continuos cambios del mercado y a un futuro laboral y económico lleno de incertidumbre, y aprender a convivir con dicha incertidumbre. Pero si no se está preparado, es realmente muy duro. Deben desarrollar la inteligencia emocional para percibir, controlar y evaluar las emociones propias y de aquellos que los rodean. Saber manejar las emociones es especialmente importante en situaciones en las que estamos bajo presión y, salvo en los tiempos de exámenes, los jóvenes no están acostumbrados a ello.

Deberán ser flexibles y actuar con persuasión, es decir, ser convincentes. Esta capacidad es muy importante en el mundo profesional, ya sea para un emprendedor en busca de inversores, o un profesional que está ofreciendo sus servicios en una entrevista de trabajo. Los júniores deben ser capaces de adaptarse a los cambios fácilmente y por ello les van a exigir adaptabilidad, pues las empresas necesitan trabajadores que puedan cambiar su mentalidad tan pronto como surjan nuevos problemas y situaciones inesperadas. Ahora más que nunca hay que potenciar iniciativas desde el mundo pyme, el tejido empresarial por excelencia en España, para incorporar talento, algo que nuestros jóvenes tienen de sobra.

La competitividad pasa por la formación digital

Peter H. Diamandis, fundador de la Fundacion XPrize y notable impulsor de la aeronáutica espacial privada, y el economista Philip Kotler, padre del marketing digital, coincidían al decir que «el futuro llega más rápido de lo que se cree», exigiendo ambos una continua reinvención de todos los ámbitos de la vida humana. Ello conduce, por tanto, a repensar cómo debiera ser la formación en el mundo actual, desde la escuela hasta la universidad, y el afianzamiento de los valores que permitan preservar la dignidad de todas las personas, promover su calidad de vida y construir las sociedades del futuro, donde predominen la solidaridad y el respeto a los derechos personales. Pero todo esto no es nuevo. Ya en 1979, un informe al Club de Roma denominado *Aprender, horizontes sin límites* ya hablaba sobre la necesidad de actualizar el aprendizaje y proponía un cambio caracterizado por la adaptación inconsciente a los problemas, sustituyéndolo por un nuevo concepto de aprendizaje anticipatorio y participativo, como única vía de superar sin riesgos la distancia que separa la capacidad humana y las complejas exigencias que ya se perfilaban en un horizonte tecnológico, pero aún primario por aquellos años.

Tiempo después nos encontramos que el tema de la educación sigue unos pasos por detrás de los avances tecnológicos. La educación y la transformación digital deben ir imbricados, pues es evidente que ambos se necesitan, ¿pero qué demandas plantea el ecosistema digital a los sistemas y las etapas educativas? ¿Qué competencias requiere de estudiantes y docentes? Es evidente: la solución pasa por definir todas y cada una de las herramientas digitales como recursos didácticos.

La oferta formativa es amplia, y eso facilitará que se disponga de personal cualificado. Contamos con un tejido empresarial que ha apostado claramente por la digitalización, si bien en el entorno pyme es donde menos avances se han producido. La economía digital en España ha pasado en el último año de un 19 % a un 22 % del PIB. En este mismo plazo, se han acometido importantes cambios para hacer realidad el nuevo paradigma de nación digital. En una economía asimétrica, las grandes empresas y las *startups* compiten sin complejos. En España llegamos en 2021 a la cifra de 10.000 *startups* que capturaron 4.000 millones de euros de inversión, cifras sin duda muy notables para animar este importante entornoemprendedor. Ello ha obligado a dotar de un instrumento como la Ley de fomento del ecosistema de las empresas emergentes, más conocida como "Ley de Startups", para ordenar este ecosistema empresarial. La creación de la Oficina del Dato, enmarcada en la Secretaría de Estado de Digitalización e Inteligencia Artificial, pone de relevancia la transición de productos y servicios hacia la economía del dato, auténtico referente en la economía digital. Se calcula que, para 2025, los datos tendrán un peso del 4 % del PIB y que se crearán casi un millón de puestos de trabajo, que contribuirán a la innovación y el desarrollo de la inteligencia artificial (IA). Convertirnos en un país digitalizado requiere nuevos instrumentos, porque la transformación digital no puede, ni debe dejar a nadie atrás.

CAPÍTULO 17

LA CAPACITACIÓN DIGITAL DE LAS ADMINISTRACIONES PÚBLICAS, IMPRESCINDIBLE PARA AVANZAR EN LA TRANSFORMACIÓN DIGITAL

Fernando de Pablo

La transformación digital en las Administraciones Públicas no consiste exclusivamente en aplicar tecnología a la gestión administrativa, sino que es un proceso fundamentalmente organizativo donde la normativa, la simplificación y la transformación de los procedimientos, los cambios culturales, la cooperación y por supuesto donde la capacitación permanente tiene un papel protagonista.

Por otra parte, la crisis producida por el COVID-19 y la generada por los problemas geopolíticos, con incidencia directa en la gestión administrativa tecnológica y la cadena de suministros críticos, requieren un aprendizaje continuo en capacidades y habilidades que permitan reaccionar y adaptarse a los continuos cambios con rapidez y agilidad.

La situación provocada por la pandemia, con la implantación masiva del teletrabajo, ha evidenciado, más aún, la existencia de una importante brecha digital que dificulta hacer frente al paradigma de continua interacción e integración con las tecnologías digitales. Así lo evidencian diferentes fuentes[13], de tal manera que no estar conectado puede ser una nueva forma de exclusión social, laboral, de educación y acceso a los servicios y de participación ciudadana. Además, la falta de competencias digitales aumenta la vulnerabilidad frente a los riesgos asociados a Internet. No hay que olvidar que ser nativo digital no implica que se cuenten con competencias digitales por defecto.

Las Administraciones Públicas no pueden ser ajenas a la imparable transformación y las competencias digitales resultan imprescindibles para hacerla posible, promoviendo administraciones más preparadas y mejor formadas, que incorporen la disrupción digital como elemento impulsor de su visión estratégica en el servicio a una ciudadanía demandante de nuevas formas de relación. El modelo de administración digital propicia organizaciones de aprendizaje continuo que preparen a sus equipos humanos para aprovechar los contextos emergentes y dinámicos.

La transformación digital no sólo supone saber manejar herramientas, sino que implica también desarrollar competencias y promover cambios organizativos, procedimentales y de cultura de trabajo. Supone, en definitiva, desarrollar la capacidad de aprender continuamente para adecuarse a los nuevos contextos y necesidades.

Las competencias digitales abarcan desde el uso seguro de la tecnología, el conocimiento y control de las principales aplicaciones informáticas hasta el conocimiento de

---

13   World Economic Forum (2018), *The future of jobs report*; Cedefop (2018), *Insights into skills shortages and skill mismatch*; Eurostat news release 199/2018, *Internet use in the EU, 2018 – digitalisation at work*; DESI Report (2018), *Human Capital; 2017 Education and Training monitor, 2016 Skills Communication, ICILS 2013, Eurostat 2019.*

los derechos y las libertades que asisten a las personas en el mundo digital.

En el contexto europeo, las competencias digitales son una de las principales prioridades de la agenda política de la Unión Europea para la transformación digital.

Considerando el Índice de Economía y Sociedad Digital (DESI), la dimensión con resultados menos satisfactorios para España corresponde al capital humano, mostrando que la media de la población presenta bajos niveles de desempeño en competencias digitales básicas, siendo inferior a la media de la Unión Europea. Aunque no contamos con la información desagregada a nivel de regiones o ciudades, como Madrid, se podría extrapolar una situación similar.

Si bien, como muestra el cuadro adjunto, la evolución anual del DESI en cada uno de sus componentes resulta positiva, la falta de competencias digitales, tanto básicas como avanzadas, podría resultar un freno a la transformación digital como elemento indispensable para la tan ansiada recuperación económica.

	España			UE
	DESI 2019	DESI 2020	DESI 2021	DESI 2021
1A1 Competencias digitales, al menos de nivel básico % personas	55 % 2017	57 % 2019	57 % 2019	56 % 2019
1a2 Competencias digitales por encima del nivel básico % personas	32 % 2017	36 % 2019	36 % 2019	31 % 2019
1a3 Conocimientos de software, al menos de nivel básico % personas	58 % 2017	59 % 2019	59 % 2019	58 % 2019
1b1 Especialistas en TIC % personas con empleo de 15-74 años	3,5 % 2018	3,6 % 2019	3,8 % 2020	4,3 % 2020
1b2 Mujeres especialistas en TIC % especialistas en TIC	18 % 2018	20 % 2019	20 % 2020	19 % 2020
1b3 Empresas que proporcionan formación en TIC % empresas	21 % 2018	22 % 2019	20 % 2020	20 % 2020
1b4 Titulados en TIC % titulados	4,0 % 2017	3,9 % 2018	4,2 % 2019	3,9 % 2019

Figura 1. DESI 2021 - Capital Humano
Fuente: DESI: https://digitalstrategy.ec.europa.eu/en/policies/desi.

El concepto de competencia digital, definido por la Unión Europea por primera vez en 2006, y tras una actualización de la Recomendación del Consejo en 2018, quedó en:

«La competencia digital implica el uso seguro, crítico y responsable de las tecnologías digitales para el aprendizaje, en el trabajo y para la participación en la sociedad, así como la interacción con *éstas*. Incluye la búsqueda y gestión de la información y datos, la comunicación y la colaboración, la creación de contenidos digitales (incluida la programación), la seguridad (incluido el bienestar digital y las competencias relacionadas con la ciberseguridad) y la resolución de problemas» (Recomendación del Consejo sobre las competencias clave para el aprendizaje permanente , 22 de mayo de 2018, ST 9009 2018 INIT).

En 2013 se publica el primer Marco de referencia de Competencias Digitales para la Ciudadanía, también conocido como DigComp, proporcionando un lenguaje común para identificar y describir las áreas clave de las competencias digitales. Desde 2016, las cinco áreas son: Alfabetización en información y datos; Comunicación y colaboración; Creación de contenidos digitales; Seguridad; y Resolución de problemas.

La reciente versión 2.2 del Marco de Competencias Digitales para la Ciudadanía supone una actualización de los ejemplos de conocimientos, habilidades y actitudes, reuniendo además documentos de referencia para facilitar su implementación. Entre los temas clave que incorpora destaca el enfoque en el bienestar y la seguridad, y la incorporación de aspectos ecológicos y de sostenibilidad de la interacción con las tecnologías digitales, incluyendo, asimismo, el trabajo a distancia/contexto de trabajo híbrido

(TT), la accesibilidad digital (AD) y la interacción con los sistemas de inteligencia artificial (IA) y la búsqueda y gestión de Datos.

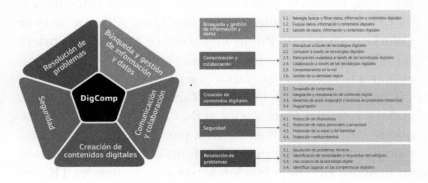

Figura 2. Áreas competenciales, competencias
y niveles de aptitud del DigComp 2.2
Fuente: Comisión Europea

La Agenda Europea de Capacidades, del 1 de julio de 2020, respalda las capacidades digitales para todos, reforzando en particular los objetivos del Plan de Acción de Educación Digital para el periodo 2021-2027, que tiene como objetivos: i) mejorar las capacidades y competencias digitales para la transformación digital y ii) fomentar el desarrollo de un sistema educativo digital de alto rendimiento.

La Brújula Digital 2030 y el Plan de Acción del Pilar Europeo de Derechos Sociales establecen los ambiciosos objetivos políticos de alcanzar un mínimo del 80 % de la población con competencias digitales básicas y contar con 20 millones de especialistas en TIC para 2030.

En el ámbito del Plan de Acción de Educación Digital, se encuentra en fase de licitación el desarrollo del Certificado Europeo de Competencias Digitales que pueda ser reconocido y aceptado por gobiernos, empleadores y otras partes interesadas en toda Europa, acorde a los niveles indicados en DigComp.

En relación con las competencias digitales de empleados públicos, la OCDE publicó el pasado año el informe *The OECD Framework for digital talent and skills in the public sector* (Working Papers on Public Governance N.º 45) para orientar a las Administraciones Públicas en el modo de proporcionar a los empleados públicos competencias digitales.

Con estas premisas, la Agenda España Digital 2025 incluía el desarrollo del Plan Nacional de Competencias Digitales, que resulta ser una hoja de ruta para fomentar la adquisición y mejora de competencias digitales de los ciudadanos, en general, y de la población activa y profesionales TIC, en particular. Distingue siete líneas de actuación que se desglosan en dieciséis medidas, de las cuales hay que considerar la línea 5 sobre la adquisición de competencias digitales de las personas al servicio de las Administraciones Públicas, cuya única medida referencia el Programa de capacitación digital de las Administraciones Públicas.

El Instituto Nacional de Administración Pública (INAP), con el objetivo de conseguir un marco común a todas las Administraciones Públicas que responda a las necesidades de las empleadas y los empleados públicos de los próximos años, publicó el Marco de Competencias Digitales de las Empleadas y los Empleados Públicos a finales de 2021. Siendo un referente para el diseño de itinerarios formativos, así como para su acreditación y certificación.

Previo a ello ya existían otras iniciativas en España, pero en el ámbito autonómico, para adaptar el DigComp, como muestra el gráfico a continuación, pero se carecía de un referente interadministrativo para la consideración de las competencias digitales de todos los empleados públicos, hasta la elaboración de este marco, a partir del grupo de trabajo iniciado en abril de 2021, a iniciativa del INAP, que contó con una amplia representación de organismos e instituciones.

Figura 3. Comunidades Autonómicas con iniciativas
para la aplicación del DigComp
Fuente: Comisión Europea

Este marco de competencias es el primer paso para el desarrollo de un programa de formación y certificación que permitirá que el mayor número posible de empleadas y empleados públicos cuenten con las competencias digitales necesarias que garanticen un desempeño adecuado del servicio público.

La última versión del Marco de Competencias Digitales de las Empleadas y los Empleados Públicos, publicado por INAP, se estructura en seis áreas competenciales y diecisiete competencias, en cada una de las cuales hay establecidos tres niveles de complejidad: básico (A), intermedio (B) y avanzado (C), a semejanza de los niveles de capacitación en conocimientos de idiomas.

- Área 1. Alfabetización digital, información y datos.
- Área 2. Comunicación y colaboración.
- Área 3. Creación de contenidos digitales.
- Área 4. Seguridad.
- Área 5. Resolución de problemas.

Para cada nivel se especifican descriptores basados en términos de conocimientos, capacidades y habilidades.

Este Marco de Competencias Digitales, adaptado al ámbito de cada organización, facilitaría la identificación de las competencias necesarias para desempeñar un puesto de trabajo, propiciando un modelo de «carrera digital» que se adapte a las necesidades de aprendizaje que la transformación digital en las Administraciones Públicas requiere a los empleados públicos.

Por otra parte, tal como los estudios elaborados por la Unión Europea llevan alertando, para afrontar la escasez de personal cualificado TIC es imprescindible contemplar el concepto de aprendizaje permanente, para afrontar los retos que debe abordar este perfil profesional más especializado. Siendo recomendable valorar una formación especializada de los profesionales TIC en las tecnologías disruptivas, cuya rápida evolución supone mantener una línea de actuación de aprendizaje de calidad para cubrir la demanda que generará la transformación digital. Los requisitos para asumir una serie de trabajos requieren una cualificación y un modelo de carrera profesional asociado a los conocimientos específicos del puesto a desarrollar, la búsqueda de la excelencia conllevaría la necesaria acreditación de la obtención de determinadas competencias como prerrequisito para la ocupación de los puestos de trabajo más específicos, como analistas de datos o auditores de ciberseguridad, entre otros.

La transformación digital en las Administraciones Públicas no es únicamente un cambio tecnológico que se resuelve con formación en herramientas tecnológicas, sino que afecta a las personas y a la reinvención de las organizaciones, de tal manera que también es necesario lograr la implicación activa de sus directivos, que deben ser los encargados de incentivar la cultura de cambio y de transmitir esta transformación como algo positivo para el servicio, más que traumático o impuesto, conocer qué se va a hacer, cuándo, con quién y cómo les afectará en sus áreas de competencia.

La identificación de indicadores en el seguimiento de los planes que se aborden en las Administraciones Públicas permitirá medir el avance, identificar riesgos y desviaciones y garantizar su difusión interna y externa como medida de transparencia.

A modo de ejemplo se muestra la situación del Índice de Adopción Digital correspondiente al Ayuntamiento de Madrid, a partir de la estrategia integral de capacitación digital básica impartida a más de diez mil empleados, que enmarca el proyecto Easydro de transformación del puesto de trabajo, que provee una manera de trabajar diferente, incluso a distancia (teletrabajo), requiriendo la adquisición de capacitación específica, tanto técnica, por las herramientas a utilizar, como en habilidades, para estar preparado en las nuevas formas de relación.

En el diseño del sistema de indicadores también debería estar presente el criterio de inclusión, de manera que permita evaluar si se está produciendo cualquier tipo de brecha digital de género o edad, considerando aquellas posibles brechas que existiesen de partida para promover su corrección. Como resulta ser el caso de la escasa participación de las mujeres en los sectores y empleos más vinculados a las

TIC, algo que se agravará en los próximos años, según evidencian los datos del último estudio PISA que, considerando las expectativas laborales y los estereotipos expresados, traslada menos de un 10 % de mujeres que esperan trabajar como profesionales TIC a los 30 años.

Figura 4. Índice de Adopción Digital del Ayuntamiento de Madrid

Como reflexión final, dado que dicho marco teórico DigCom se está incorporando en los entornos educativos, en un futuro, con una ciudadanía formada en competencias digitales, sería conveniente contemplarlo en los procesos selectivos y bolsas de trabajo para valorar las posibilidades de los candidatos de cara a la incorporación de gestión de talento en las Administraciones Públicas.

CAPÍTULO 18
LA FORMACIÓN EN COLECTIVOS DE MEDIANA EDAD

Juan Manuel Martín Menéndez

En este profundo cambio de realidad económica que estamos experimentando debido, fundamentalmente, a la revolución digital y al impacto que está teniendo en todo el sistema productivo, las personas de mediana edad se encuentran ante un doble reto. Por una parte, está el propio de la adaptación a un nuevo escenario profesional, en el que se hace necesaria la actualización de habilidades y conocimientos. Pero además enfrentan otro reto: el de su propio empleo.

Como en toda revolución tecnológica, en ésta también se está produciendo el fenómeno de la destrucción de puestos de trabajo. El estudio del Foro Económico Mundial realizado en el año 2020 sobre *El futuro del trabajo* nos deja datos muy relevantes que muestran esta realidad: para 2025, prevén que la automatización habrá destruido 85 millones de puestos de trabajo en todo el mundo. Pero también que en este periodo se crearán 97 millones de nuevos trabajos. Por lo tanto, siguiendo la línea de anteriores revoluciones tecnológicas, el saldo neto de puestos es positivo, con lo cual parece que no tendríamos que preocuparnos.

Sin embargo, para hacernos una idea más precisa de la realidad, hemos de profundizar en las estadísticas y previsiones del nivel macro y observar lo que está ocurriendo en el entorno más cercano y con determinados colectivos y perfiles profesionales y aquí las cosas cambian.

Si nos situamos en España y observamos el colectivo de personas de mediana edad —de 45 a 60 años— podemos ver que se está produciendo un aumento constante de los niveles de desempleo y además del de larga duración. Según los datos del SEPE, casi la mitad del total de parados en España son personas mayores de 45 años. Esta cifra ha ido aumentando año tras año. Por otra parte, este colectivo muestra unas tasas de paro de larga duración realmente altas. Según un estudio de Funcas, hasta el 63 por ciento del total. Pero si dejamos las estadísticas y nos vamos a la calle y preguntamos a personas de más de 55 años en situación de desempleo, el 70 por ciento nos dice, basándose en su experiencia de búsqueda de trabajo, que creen que nunca más volverán a trabajar.

Ciertamente, esto contrasta bastante con la visión macro del estudio del Foro Económico Mundial. No es que este estudio sea erróneo, simplemente es una perspectiva macro que luego hay que trasladar a la realidad cotidiana de las personas. Y aquí es donde me quiero centrar, en la realidad laboral de las personas de mediana edad, en sus perspectivas y en cómo estructurar la formación para que la actual tendencia se revierta y puedan tener una vida laboral plena hasta la edad en que les toque o decidan jubilarse y que no sean expulsados prematuramente del sistema productivo, con las implicaciones que eso tiene tanto a nivel individual como de nuestra propia economía.

Todo cambio de realidad requiere de adaptación. Ya nos dijo Darwin en su teoría sobre la evolución de las especies que ésta se produce por la selección natural, que genera la adaptación al entorno cambiante. Las personas de mediana edad que han vivido en un contexto muy diferente al que ahora tenemos y el que viene en el futuro han de adaptarse, no queda otra. Y esta adaptación afecta incluso a factores de la realidad actual, como el que ha dado en llamarse *edadismo* (discriminación por la edad).

El *edadismo*, por mucho que no sea deseable y algo que erradicar, es una realidad. No tiene las mismas posibilidades de ser contratada una persona de treinta años para un puesto de *experto en programación de realidad aumentada para sistemas industriales* que una persona de cincuenta y cinco años que se acaba de hacer un máster en esa disciplina. No debería ser así, y como sociedad necesitamos evolucionar también en este sentido para erradicar esta forma de discriminación, igual que hemos evolucionado para erradicar formas de discriminación por sexo o raza. Pero dada esta realidad, las personas de mediana edad también la han de tener en cuenta a nivel individual para elaborar su estrategia de empleo/trabajo.

La adaptación siempre viene por un factor clave, que es el del aprendizaje y desarrollo de nuevos conocimientos y habilidades. Y aquí es donde entra la formación, que ha pasado a ser el factor número uno de cualquier estrategia de mantenimiento de empleo o de consecución de este si se ha perdido.

Las personas de mediana edad que tienen trabajo, han de asumir su propia responsabilidad en el mantenimiento de su empleabilidad. El trabajo seguro es una realidad que ha quedado atrás y ahora cualquier persona se puede ver fuera de su actual empleo en cualquier momento. Por ello es necesario que todo el mundo, especialmente las personas de mediana edad, tengan una conciencia clara de esto y actúe para que, si llega ese escenario, esté preparado para afrontarlo con eficacia. Esto significa tener un plan B y tomar la responsabilidad de adquirir los conocimientos y las habilidades que sean necesarios para éste.

En el caso de las personas que se encuentran ya en desempleo, se trata de elaborar una estrategia eficaz que los lleve cuanto antes a volver a la vida laboral activa. Aquí de nuevo la formación es un elemento clave, pero que ha de ejecutarse dentro de una estrategia definida de "relanzamiento de la vida profesional". Utilizo esta expresión en lugar de "estrategia de empleo" porque esta última limita las posibilidades. En el caso de las personas de mediana edad, se hace necesario contemplar otras posibles opciones, como son la creación del propio trabajo o el emprendimiento de negocios. Cuantas más opciones se tengan, más rápida será la vuelta al trabajo. La formación ha de ser estratégica, no meramente táctica.

En la revolución digital que estamos experimentando, están apareciendo multitud de nuevos puestos de trabajo relacionados con latecnología, hasta el punto de que existe una falta de profesionales para cubrir toda la demanda. Puestos como profesionales de ciberseguridad, analistas de datos, diseñadores web o diseñadores UX/UI no encuentran todos los candidatos que necesitan. Esto podría llevar a pensar que una persona de mediana edad podría reciclarse profesionalmente (o como popularmente ha dado en llamarse: reinventarse) y después de un periodo de formación poder optar a este tipo de puestos. Sin embargo, la realidad nos muestra una imagen diferente: la edad es un factor que juega en contra del candidato a este tipo de puestos, para los que se prefiere a personas más jóvenes. Éste es un factor que ha de tenerse muy en cuenta a la hora de plantear una estrategia de «reciclado» profesional.

Una persona de mediana edad en situación de desempleo tiene ante sí tres opciones para volver a la vida laboral activa:

- Búsqueda de empleo.
- Creación de su propio puesto de trabajo.
- Emprendimiento de un proyecto de negocio.

Es necesario que contemple estos tres ámbitos, porque eso le abre enormemente las posibilidades.

La opción de conseguir un empleo, va a requerir en muchos casos el uso de la formación para construir un perfil profesional con posibilidades en el mercado laboral. Igual que una empresa estudia el mercado para ver dónde están las oportunidades y para crear productos y servicios que compren los clientes, la persona de mediana edad que busca y desea un empleo por cuenta ajena ha de mirar, con amplitud de visión, las oportunidades «reales» que puede tener y, desde ahí, ver qué formación necesitaría para optar a ellas. No se trata de hacer cursos por hacer, sino de que la formación que se haga se enmarque dentro de una estrategia de mercado, en este caso de mercado laboral y del objetivo que se tiene. Cuanto más específica y especializada sea la formación, mejor. La buena noticia es que hoy en día hay una enorme oferta de formación que va desde la más reglada hasta la de personas que ponen sus conocimientos y experiencia a disposición de otros, pasando por plataformas digitales que nos acercan los programas de las mejores universidades e instituciones del mundo.

Pero la opción de conseguir un empleo es sólo una de las tres que se pueden barajar para conseguir el objetivo de relanzar la vida profesional. Otra es la creación del propio puesto de trabajo.

En esta nueva realidad en la que estamos inmersos, cada vez habrá más profesionales que trabajen por cuenta propia prestando sus servicios a empresas, a otros profesionales o a clientes particulares. Las empresas necesitan estructuras cada vez más flexibles y versátiles para adaptarse a las cambiantes condiciones del entorno, y esto lleva a la externalización de muchas de las funciones que antes se hacían con plantilla propia. Esto genera una oportunidad para muchos profesionales de mediana edad. Curiosamente, al mismo tiempo que para ser contratados como empleados la edad es un hándicap en muchos casos, para ser contratados como profesionales independientes es una ventaja. En una economía cada vez más avanzada, éste será el tipo de trabajo que tengan un creciente número de profesionales (en EE. UU. en estos momentos esta modalidad laboral representa el 50 % del total de la fuerza laboral activa). Y las oportunidades son muchas, puesto que día a día están apareciendo nuevas prácticas profesionales, tanto asociadas con la tecnología como con todo tipo de nuevos servicios. Ésta es una opción muy viable para las personas de mediana edad, si bien requiere de un periodo de formación y desarrollo de nuevas habilidades, así como de la adquisición de habilidades relativas al marketing y venta de sus servicios. Esto último es fundamental y es donde suelen encallar muchas de las personas que eligen esta vía. Incluso hay cada vez más plataformas que ponen en contacto la oferta con la demanda en esta modalidad de trabajo, e irán apareciendo más y más plataformas verticales especializadas en ámbitos concretos. Esto es una tendencia y las tendencias son palancas en las que apoyarnos.

Y la tercera opción que tienen las personas de mediana edad para relanzar su vida profesional es el emprendimiento de nuevos negocios. Hago aquí una distinción con la opción anterior para referirme en este caso a proyectos de negocio que van más allá de la creación del propio puesto de trabajo por la vía del trabajo autónomo o *freelance*. Ésta es una opción muy real y viable y que cada vez más personas con experiencia están eligiendo para dar forma a todo tipo de proyectos de negocios, tanto tradicionales como nuevos negocios basados en la innovación y la tecnología.

En esta opción, la edad significa una ventaja considerable, puesto que el acervo de experiencia es un factor que multiplica las posibilidades de éxito en estos proyectos. Según un estudio de la revista *Harvard Business Review*, la edad promedio de los emprendedores que tienen éxito es de 45 años, éstos tienen un 85 % más de probabilidad de tener éxito que los más jóvenes. Éste es un dato que también corrobora el informe GEM (Global Entrepreneurship Monitor) del año 2020, que nos dice que el 31 % de las iniciativas emprendedoras consolidadas son impulsadas por personas entre los 55 y los 64 años y el 39 % por perfiles que oscilan entre los 45 y los 54. Es decir, que el 70 % de las iniciativas emprendedoras consolidadas son impulsadas por el colectivo de personas mayores de 45 años. A estas estadísticas, el informe GEM añade otro dato: los emprendedores sénior tienen más probabilidades que los jóvenes de emplear a más de cinco personas en sus negocios, por lo que no sólo están generando autoempleo, sino que también están creando nuevos puestos de trabajo.

Este último dato es extraordinariamente importante por la repercusión que el emprendimiento sénior puede tener en la economía, no sólo en cuanto a creación de valor y riqueza económica, sino también en cuanto a la creación de puestos de trabajo en una economía como la nuestra, con unos niveles de desempleo tan elevados.

Todos estos datos nos muestran los beneficios del emprendimiento sénior. Sin embargo, emprender, dar forma y sacar adelante un proyecto empresarial, es todo un reto que necesita no sólo de la determinación del emprendedor o emprendedores, sino también de formación y apoyo. En esta opción, la formación es también un factor clave y ha de ser la que se necesita en cada fase del proceso y para cada tipo de proyecto. Para emprender hay que aprender a emprender, se necesita aprender metodología de emprendimiento, de generación de ideas, de generación de innovación, de testeo de conceptos, de interacción rápida con el mercado, de agilidad en el desarrollo de los conceptos, de prototipado. En la fase inicial no tiene sentido aprender sobre gestión empresarial, porque en ese punto todavía no se tiene una empresa, se tiene una idea (y en algunos casos ni eso) con la que es necesario trabajar para ver el encaje con el mercado y que de ahí pueda nacer un proyecto de empresa que llevar a cabo y altas probabilidades de éxito.

Aparte de la cultura poco emprendedora de la que venimos, una de las cosas que suele echar para atrás a las personas de mediana edad a la hora de plantearse el emprendimiento de negocios como opción laboral, es precisamente los altos niveles de fracaso que hay y que hacen percibir esta opción como de mucho riesgo. Bien, pues la realidad es que las probabilidades de éxito aumentan de manera muy significativa y los riesgos se reducen también de manera considerable cuando se aplica metodología de emprendimiento y se tienen los conocimientos adecuados para dar forma a proyectos de negocio y poner en el mercado productos y servicios que realmente se vendan.

Las tres opciones que hemos visto abren un amplio abanico a las personas de mediana edad para continuar trabajando hasta la edad de su jubilación, e incluso más allá si así lo desean. Son tres opciones viables y que tienen en común la necesidad de usar la formación como elemento habilitador. Ha de ser formación muy específica y dirigida a objetivos determinados, pero al mismo tiempo estratégica, en el sentido de que forme parte de la estrategia general que se esté siguiendo para conseguir el objetivo de relanzar la vida profesional. Al igual que ocurre en las empresas, la persona de mediana edad que se enfrenta a este reto ha de tener una estrategia para conseguir su objetivo y, desde ella, elegir las tácticas y herramientas que necesite, siendo la formación una de ellas.

BIBLIOGRAFÍA

PRIMERA PARTE

Bibliografía Vicente Sánchez Jiménez
Capítulo 4

Cedefop (2021), *Annual report 2020*, Luxemburgo, Oficina de Publicaciones de la Unión Europea: http://data.europa.eu/doi/10.2801/573699.

Comisión Europea (2017), *Plan de Acción del Pilar Europeo de Derechos Sociales:* https://ec.europa.eu/info/strategy/priorities-2019-2024/economy-works-people/jobs-growth-and-investment/european-pillar-social-rights/european-pillar-social-rights-action-plan_es#:~:text=El%20Plan%20de%20Acci%C3%B3n%20establece%20una%20serie%20de%20acciones%20de,Gotemburgo%2C%20Suecia%2C%20en%202017.

Comisión Europea (2021a), *Plan de Recuperación para Europa*: https://ec.europa.eu/info/strategy/recovery-plan-europe_es#nextgenerationeu.

Comisión Europea (2021b), *Plan de Educación Digital 2021-2027*, https://education.ec.europa.eu/es/plan-de-accion-de-educacion-digital-2021-2027.

DESI (2021), Índice de la Economía y la sociedad digital: chrome://external-file/DESI_2021_Spain_es.pdf.

Fondo Monetario Internacional (2022), *Informe anual 2021:* https://www.imf.org/external/pubs/ft/ar/2021/eng/downloads/imf-annual-report-2021-es.pdf.

Gobierno de España (2021), *Plan de Recuperación, Transformación y Resiliencia*: https://planderecuperacion.gob.es/.

Ministerio de Asuntos Económicos y Transformación Digital (2021), *Plan Nacional de Competencias Digitales*: https://portal.mineco.gob.es/RecursosArticulo/mineco/ministerio/ficheros/210127_plan_nacional_de_competencias_digitales.pdf.

Ministerio de Educación y Formación Profesional (2021), *Marco Europeo de Capacitación Digital de los Educadores*: https://sede.educacion.gob.es/publiventa/marco-europeo-para-la-competencia-digital-de-los-educadores-digcompedu/competencia-digital/24685.

Ministerio de Educación y Formación Profesional (2022), *Marco Europeo de Competencias Digital es para la ciudadanía*: https://sede.educacion.gob.es/publiventa/marco-europeo-para-la-competencia-digital-de-los-educadores-digcompedu/competencia-digital/24685.

Bibliografía Miguel Canales
Capítulo 5

Confederación Española de Organizaciones Empresariales (CEOE) (2017), *Libro Blanco sobre el Sistema de Formación en el Trabajo*.

Randstad y Confederación Española de la Pequeña y Mediana Empresa (CEPYME) (2022), Informe *¿En qué sectores no se encuentran trabajadores?*

Bibliografía José Varela
Capítulo 6

Boston Consulting Group (15 de enero de 2020), *Fixing the Global Skills Mismatch*.

Foro Económico Mundial (2020), *Future of Jobs*.

Fundación COTEC, *Encuesta de percepción social de la innovación 2022 y anteriores.*

INE, *Encuesta de Población Activa.* Cuarto trimestre de 2021.

INE (2021a), *Encuesta sobre equipamiento y uso de tecnologías de información y comunicación en los hogares.*

INE (2021b), *Encuesta sobre el uso de TIC y comercio electrónico en las empresas.*

OCDE (2020), *Digital Economy Outlook.*

PwC y el World Economic Forum, *Upskilling for Shared Prosperity.*

Servicios de Estudios de UGT (2021³), *Digitalización de la Empresa Española.*

Servicios de Estudios de UGT (2022), *Digitalización de la Administración Pública.*

SEGUNDA PARTE

Bibliografía Sebastián Reyna
Capítulo 9

Aliaga, C.; Schalk, A. (2010), *Empleabilidad temprana y emprendimiento. Dos grandes desafíos en la formación superior en Chile,* Universidad Pacífico de Chile.

Arenas Alonso, A. (2017), *Formación profesional, el camino razonable hacia una sociedad de profesionales: una reflexión sobre nuestro sistema educativo, el trabajo y la formación de profesionales cualificados,* Madrid, Universidad Pontificia Comillas.

Barretto, H. (2007), *Formación Profesional en el diálogo social,* Montevideo: OIT/Cinterfor.

Kaba Souaré, M. (coord.) (2019), «El futuro del trabajo. Los sindicatos en transformación», *Boletín Internacional de Investigación Sindical,* Oficina Internacional del Trabajo.

Peñaherrera León, M.; Cobos Alvarado, F. (2012), *La creatividad y el emprendimiento en tiempos de crisis,* Red Iberoamericana de Investigación sobre Cambio y Eficacia Escolar (RINACE).

Rueda Sampedro, I.; Fernández-Laviada, A.; Herrero Crespo, A. (julio-diciembre de 2012), «Estudiantes universitarios y emprendimiento: determinantes psicológicos de la intención de creación de un negocio propio», *Revista FIR*, FAEDPYME International Review, vol. 1 n.º 2.

Sancha Gonzalo, I.; Gutiérrez Dewar, S. (2018), *La formación profesional en España 2016* (recurso electrónico) Madrid, Fundae.

Bibliografía José Joaquín Flechoso
Capítulo 11

Agenda Digital España 2030.

Berg, J.; Furrer, M.; Harmon, E.; Rani, U.; Six Silberman, M. (2019), *Las plataformas digitales y el futuro del trabajo*, OIT.

Fundación Vass (2019), *Empleabilidad y talento digital*.

Ley de Formación Profesional de 21 de abril de 2022.

Ministerio de Educación, *Estadísticas de la formación*.

Ministerio de Educación y Formación Profesional (MEFP), *Datos y cifras curso escolar 2020-21*.

Bibliografía Llanos Tobarra Abad
Capítulo 13

Eurostat (30 de marzo de 2021), *Individuals' level of digital skills (from 2021 onwards)*, recuperado el 11 de mayo de 2022, de Eurostat. Data browser: https://ec.europa.eu/eurostat/databrowser/view/isoc_sk_dskl_i21/default/table?lang=en.

FOLTE (2018), *Informe de situación de las tecnologías educativas en las universidades españolas*, CRUE, FOLTE, recuperado el 11 de mayo de 2022, de https://www.crue.org/wp-content/uploads/2020/02/FOLTE-Tecnolog%C3%ADas-Educativas-2018_VD.pdf.

Instituto Nacional de Estadística (2020), *Encuesta sobre Equipamiento y Uso de Tecnologías de Información y Comunicación en los Hogares*.

Notas de prensa, recuperado el 11 de mayo de 2022, de https://www.ine.es/prensa/tich_2020.pdf.

OECD (2021), *OEDCiLibrary. Stadistics,* recuperado el 11 de mayo de 2022, de https://www.oecd-ilibrary.org/statistics.

Robles-Gómez, A.; Ros, S.; Martínez-Gámez, A.; Hernández, R.; Tobarra, L.; Pastor, R.; Cano, J. (2017), *Using Kibana and ElasticSearch for the Recommendation of Job Offers to Students,* LASI-SPAIN 2017 (págs. 93-99).

Bibliografía José Joaquín Flechoso
Capítulo 16

Artículo sobre las inteligencias múltiples de Peter Salovey y John Mayer, Universidad de Harvard.

Catálogo Nacional de Cualificaciones Profesionales (CNCP).

Diamandis, P. H.; Kotler, S. (2021), *El futuro va más rápido de lo que crees. Cómo la convergencia tecnológica está transformando las empresas, la economía y nuestras vidas,* Editorial Deusto.

Informe al Club de Roma *Aprender, horizontes sin límites,* 1979.

Informes varios de la Secretaría de Estado de Digitalización e Inteligencia Artificial.

LinkedIn según un estudio propio de 2021.

Salovey, P.; Brackett, M. A. (2015), *Emotional intelligence: key readings on the mayer and salovey model,* National Book Network.